우리,
아프지는 말고 출근합시다

우리,
아프지는 말고 출근합시다

5명의 전문의가 전하는
직장인 맞춤 처방전

청든남 지음
청진기 든 남자들

미래의창

프롤로그

병원에 갈 여유조차 없는 당신에게

요즘 세상을 보면 우리가 정말 혼란스러운 시대에 살고 있다는 생각이 듭니다. 감염병과 불안정한 경제, 양극화 현상과 세대 갈등 등 수없이 많은 문제들이 일어나고 있지만, 우리는 그 속에서도 변함없이 집과 직장을 오갑니다. 한때 신선했던 '워라밸'이라는 단어가 이제는 너무나 익숙해졌을 만큼 일과 삶의 균형을 중요시하는 이들이 많아졌습니다. 그러나 막상 현실에서 이를 실현하기란 쉽지 않습니다. 많은 직장인들이 아침에 겨우 눈을 떠 무거운 발걸음을 이끌고 회사에 도착해 하루가 어떻게 흘러가는지도 모른 채 바쁘게 일을 합니다. 하루 종일 상사의 눈치를 보느라 퇴근할 때가 되면 머리가 지끈거리고 온몸이 쑤시기도 합니다. 이렇게 과부하가 걸린 우리의 몸은 이제는 쉬어야 한다고 여러 증상으로 신호를 보냅니다.

큰 위기는 절대 단번에 오지 않는다는 사실을 기억해야 합니다. 위기가 오기 전에 이를 암시하는 작은 신호들이 반복해서 나타납니다. 운이 좋으면 이상 징후들이 나타나도 별일 없이 넘어갈 수 있겠지만, 계속 방치하면 언젠가는 큰일이 터집니다. 건강도 마찬가지입니다. 우리는 두통, 손목 통증, 자세 불균형, 어지러움, 우울감 같은 몸에서 보내는 신호들을 대수롭지 않게 여길 때가 많습니다. 처음에는 '왜 이러지' 하며 신경을 쓰다가도 익숙해지면 이런 증상을 무시하곤 합니다. 하지만 작은 신호들을 무심코 지나치면 결국에는 감당할 수 없는 큰 위기가 닥칩니다. 문제는 너무 바쁘거나 마음의 여유가 없다 보니 대부분 이런 작은 문제로는 내 몸에 관심을 가지고 병원에 가서 치료를 받을 생각을 하지 못한다는 겁니다.

의사로 살다 보니 주변 지인들에게 본인이 겪고 있는 불편한 증상에 대한 질문을 자주 받습니다. 직장 스트레스부터 다이어트, 운동법에 대한 조언을 구하기도 하고, 때로는 저의 전문 과목과는 관련 없는 내용까지 물어보기도 합니다. 내 몸에 이상이 생겼을 때 어느 병원을 가서 어떤 검사와 치료를 받아야 하는지, 생활 패턴을 고쳐서 이러한 증상을 미리 예방할 수는 없을지 정확한 정보를 알기가 너무나 어렵고 막막하다는 것을 저희 역시 공감합니다. 이에 다양한 전공 과목을 공부하고 수많은 환자들을 진료해온 내과, 재활의학과, 정형외과, 정신건강의학과, 피부과 5명의 전문의들이 '청든남(청진기 든 남자들)'이라는 이름으로 모였습니다. 직장인들이 겪는 신체적·정신적 질환을 어떻게 치료하고 예방할지 고민하면서 함께 이 책을 집필했습니다. 이 책은 누구든지 간단하게 보고 따라 할 수 있는 '직장인들을 위한 의학 솔루션'입니다.

지금부터 청든남이 당신의 주치의가 되어 다양한 증상과 질환의 원인 및 해결책을 최대한 쉽고 친절하게 설명하려 합니다. 직장인이 하루 일과 중에 마주할 수 있는 건강 고민들을 다루었기 때문에 누구나 공감하면서 읽을 수 있습니다. 알아두면 좋은 건강 상식과 일상생활 속에서 실천할 수 있는 건강관리 노하우도 담았습니다. 하루에 잠깐이라도 시간을 내어 이 책을 읽는다면 내 몸과 마음을 더 잘 돌볼 수 있으리라 생각합니다.

오늘도 회사 일을 하느라 지친 독자님들이 이 책을 읽고 조금이나마 건강한 미래를 그릴 수 있었으면 좋겠습니다. 더불어 이 책을 발간할 수 있도록 도와주신 미래의창 김윤하, 최소혜 편집자님께도 감사의 인사를 전해드립니다.

2022년

청든남

이의창, 이응현, 이시영, 김태한, 이의석

차례

직장인의 아침
눈뜨자마자 피곤한 K-직장인

직장인의 출근

내 몸이 회사를 거부하나 봅니다

직장인의 오전

일, 사람, 환경으로부터 나를 지키는 법

PM 12:40

직장인의 점심시간

내가 아니면 누가 날 위해주나?

PM 03:25

직장인의 오후

사무실에 건강의 적이 있다!

직장인의 퇴근

수고했어, 오늘도

직장인의 밤

제대로 쉬는 법도 배워야 합니다 (feat. 야근과 회식은 가라)

AM PM 06:55

직장인의 아침

눈뜨자마자 피곤한
K-직장인

내과 전문의
이응현

아침에 눈을 떴는데 눈앞이 핑 돌고 어지러워요

"삐삐삐삐-"

아침이 밝았다. 시끄러운 알람 소리가 일주일 중 직장인이 가장 싫어하는 요일이 돌아왔음을 알린다. 눈도 제대로 뜨지 못한 채로 손을 더듬어 스마트폰을 찾아 알람을 끈다. 주말을 보내고 다시 출근길에 나서야 하는 월요일 아침이 되면 유독 몸이 무겁고 기분도 가라앉는다. 오죽하면 '월요병'이란 말까지 생겼을까. 우울감과 더불어 약간의 어지럼증을 느끼는 사람들도 있다. 그리고 무엇보다, 월요일 아침은 너무너무 피곤하다.

피곤함. 현대인들에게 불치병과도 같은 이 증상은 꼭 '월요병'이 아니더라도 아주 오래전부터 언급되어왔다. '인류는 피로와의 싸움에서 한 번도 이긴 적이 없다'는 내용의 광고 카피까지 있지 않았는가. 피로의 원인은 수없이 많다. 기본적으로 육체와 정신에 온 문제가 휴식으로 해소되지 않고 계속 쌓이면 피로감이 생긴다. 그런가 하면 어떤 이들은 피로감이 저혈압 때문이라고 이야기하기도 한다. 특히 아침에 유독 극심한 피로를 느끼는 이들은 주변 사람들로부터 '혹시 저혈압 아냐?'라는 말을 더러 듣는다.

우리가 흔히 알고 있는 저혈압은 '본태성 저혈압'

저혈압의 의학적인 정의는 '수축기 혈압이 90mmHg보다 낮은 상태'다. 이완기의 혈압은 수축기에 비해 환자의 문제를 잘 반영하지는 못하지만 이완기 혈압이 60mmHg 미만인 경우도 일반적으로 저혈압이라고 본다. 쉽게 생각해서 혈압이 90/60mmHg보다 낮다면 저혈압의 범위에 들어가는 것이다. 이러한 의학적인 정의에 정확히 부합하는 사람은 인구의

1~2% 정도로 굉장히 적다. 본인이 저혈압이라고 여기는 사람들은 대부분 의학적인 저혈압 범위에 속하는 것이 아니라 일반인보다 혈압이 약 10~20mmHg 낮을 뿐이다.

저혈압은 뚜렷한 원인이 있는 경우와 그렇지 않은 경우로 나뉜다. 원인이 있는 경우는 다시 급성 저혈압, 기립성 저혈압, 약제에 의한 저혈압으로 구분된다. 저혈압의 원인은 무척 다양해서 급성 저혈압만 해도 혈액량 감소, 체액 감소, 심장 문제, 신경 문제, 패혈성 쇼크 등 여러 이유로 발생한다. 반면 특별한 원인이 없는 저혈압도 있는데, 이를 '본태성 저혈압'이라고 한다. 우리가 흔히 말하는 저혈압이 바로 본태성 저혈압이다. 앞서 설명했듯이 인구의 1~2%만이 여기에 해당되며, 특별한 증상이 없는 경우가 대부분이다.

저혈압에 비해 고혈압 관련 연구는 굉장히 활발하고 다양하게 이뤄진 편이다. 고혈압은 비만이나 당뇨와 같은 합병증을 유발하는 만악萬惡의 근원이기 때문이다. 그런데 고혈압은 초기에는 이렇다 할 자각 증상이 없는 데다, 혈압약을 먹는 것에 대한 두려움이나 거부감이 있는 사람들이 많아 병원에 방문하지 않은 채 방치하기 쉽다. 그렇게 고혈압이 장기적으로 방치되면 뇌출혈, 뇌경색, 심질환 등 치명적인 질환을 초래할 수 있다. 그래서 수많은 의사들과 제약 회사들이 고혈압을 조절하는 데 주목했고, 자연스레 연구 결과가 쌓일 수밖에 없었다.

그러나 저혈압에 관해서는 몇몇 연구자들이 특정한 신체 증상과 저혈압 사이에 연관성이 있다는 사실을 발표한 이후에는 눈에 띄는 연구 결과가 나오지 않고 있다. 본태성 저혈압 환자의 대부분이 증상이 없어 연구의 동력이 떨어진 것도 한몫했다. 증상도 합병증도 없는 저혈압 환자는 치료가 필요하지 않아 제약 회사나 의사들이 크게 연구 필요성을 느끼지 못한 것이다. 하지만 저혈압의 개념을 정확히 알고 그 증상을 이해하는 것은 분명히 유의미한 일이다. 대중들의 인식 개선을 위한 저혈압 관련 연구들을 바탕으로 이야기를 나눠보고자 한다.

증상이 특별히 없는 본태성 저혈압이 신체에 미치는 영향에 대해서는 의견이 매우 분분하다. 딱히 '이것이 명확하다!'라고 말할 만한 것이 없다. 미국 의학계에서는 저혈압을 가리켜 '병이 아니다'라고 규정하지만, 독일과 영국 의학계에서는 저혈압이 두통, 심장 두근거림, 어지러움, 피로와 강한 연관성이 있다고 본다. 특히 노인의 경우 저혈압이 고혈압보다 심근경색이나 뇌졸중을 더 잘 유발한다고 본다. 85세 이상의 고령자 중 저혈압인 사람들의 평균 수명이 고혈압인 사람들보다 낮다는 연구 결과도 있다. 이에 따라 유럽 의학계에서는 저혈압에 대한 관심이 높아졌으나, 우리나라의 의료는 대체로 유럽보다 미국의 트렌드를 따라가는 경향이 있다. 그래서 뚜렷한 증상이나 해가 없는 이상 저혈압은 질환이 아니라고 판단하며, '혈압이 낮을수록 평균 수명이 증가한다'는 것이 중론이다.

직장인의 월요병, 저혈압 때문일까?

하지만 일반 대중들은 혈압이 낮은 사람들이 그렇지 않은 사람들에 비해 피로감을 더 강하게 느낀다고 생각하는 경향이 있다. 그럼 저혈압은 정말 특정 증상들과 연관성이 있는 것일까? 우리나라에서 진행된 의학 연구 결과들을 살펴보면, 다른 연구에서 연관성을 확인했다는 두통, 심장 두근거림, 어지럼증, 피곤함과 같은 증상은 저혈압과 크게 관련이 없는 것으로 드러났다. 여러 가지 자료를 참고해봐도 특별한 연관성이 있다고 말하기는 어렵다. 이는 매우 흥미로운 결과다. 우리가 느끼는 주관적인 증상이 실제로 의학적 관점에서는 저혈압과 무관하다는 뜻이기 때문이다. 당연한 이야기지만, 이것은 지금까지의 연구 결과이며 과학적 사실은 앞으로 얼마든지 바뀔 수 있다. 저혈압과 이런 증상들이 100% 상관없다고 단언할 수 없는 것이다.

그렇다면 갑자기 자리에서 일어나거나 지속적으로 오랜 기간 스트레스를 받는 등 특정 상황에서 저혈압으로 어지럽고 눈앞이 까매지고, 쓰러지는 증상을 경험하고 병원을 찾는 사람들이 많은 것은 왜일까? 뒤에서 좀 더 자세히 다루겠지만 이는 본태성 저혈압과는 다른 기립성 저혈압이나 미주신경성 실신에 의한 증상이다.

정리하자면 일부 연구에서의 주장을 제외하면 의학적으로 저혈압은 피로감 및 우울함과 크게 관련이 없다고 판단한다. 따라서 본태성 저혈압 때문에 약을 복용할 필요는 없다. 하지만 생활 습관 교정을 통해 증상을 조금 완화시키는 방법은 있다.

1. 충분한 물과 영양분을 섭취한다.
2. 소량의 카페인이 들어 있는 커피와 차를 마시면 혈압이 약간 상승하며 우울감이나 무기력증도 어느 정도 완화된다.
3. 초콜릿, 견과류, 치즈, 전해질 음료를 적정량 섭취하는 것도 도움이 된다.

4. 유산소 운동과 근력 강화 운동을 병행하면 갑작스러운 자세 변화에 대한 몸의 대응력을 기를 수 있다.

증상이 없는 저혈압은 크게 걱정할 사항은 아니다. 하지만 적절히 운동하고 균형 잡힌 식사를 한다면 우울감과 피로감을 줄일 수 있을 뿐 아니라 스트레스를 해소하고 체력을 기르는 데에도 큰 도움이 된다. 물론, 우리의 월요병을 극복하기 위한 좋은 방법이기도 하다.

정형외과 전문의
이시영

일어나니 어깨가 뻐근하네요

"어, 어깨가 왜 이러지? 밤사이 잠을 잘못 잤나?"

누구나 한 번쯤은 아침에 눈을 뜨고 기지개를 켜다가 어깨가 아파 놀랐던 경험이 있을 것이다. 자주는 아니더라도 가끔은 자고 일어나서 어깨가 너무 뻐근하고 들기 힘들 만큼 아플 때가 있다. 하지만 이 정도 통증으로 병가를 내기는 눈치가 보여 아픈 어깨를 이끌고 힘들게 샤워를 한 후 출근길에 나선다. 아프긴 하지만 병원을 가야 할 정도의 통증인지도 잘 모르겠고,

무엇보다 원인이 무엇인지 감이 잡히질 않는다. 잠잘 때 자세가 문제였을까?

잠잘 때 자세와 어깨 통증의 연관성을 연구한 의사는 많이 있었다. 그러나 결론부터 이야기하면 어깨 통증은 우리가 잘 때 취하는 자세와는 크게 관련이 없다. 의사마다 의견 차이는 있을 수 있지만, 지금도 둘 사이에는 큰 연관성이 없다는 내용의 연구들이 계속 나오고 있다. 고로 잠잘 때 자세보다는 일상생활에서의 무리한 동작이나 잘못된 자세가 통증의 원인일 가능성이 높다.

어깨 통증, 왜 생기는 걸까?

어깨는 허리 다음으로 가장 많은 사람들이 통증을 호소하는 관절이다. 그리고 그중 절반 이상은 통증이 반복될 확률이 높다. 우선 어깨의 구조를 간략하게 살펴보고 통증의 원인이 무엇인지 알아보자. 다소 생소한 용어일 수 있지만 전체적인 원리를 이해하면 어렵지 않다. 어깨는 회전근개라는 근육과 물주머니, 관절낭 등으로 이루어져 있다. 어깨와 팔을 연결하는 네 개의 근육을 회전근개라고 하는데, 이 근육이 어깨의 움직임을 담당한다. 어깨 통증의 원인은 대부분 이 회전근개와 관련이 있다. 회전근개가 찢어지거나, 일시적으로 주변부의 물주머니에 염증이 생기는 등 다양한 이유로 통증이 발생할 수 있다. 하지만 일반 사람들이 이렇게 정밀한 원인까지 감별하기는 어렵다. 그래서 현재 상태를 스스로 체크해볼 수 있는 아주 간단한 방법을 소개한다. 이 방법을 이용하면 수술이 필요한 '회전근개 파열' 상태인지 아닌지 쉽게 판별할 수 있다.

그럼 잠시 책을 내려놓고 팔을 앞으로 나란히 한 다음 하늘 위로 쭉 뻗어보자. 그리고 이번엔 팔을 옆으로 벌려서 하늘로 쭉 뻗어보자. 만약 아프지 않다면 팔을 쉽게 들어 올릴 수 있을 것이다. 팔이 끝까지 잘 안 올라간다면 빠른 시일 내에 병원을 방문해보기를 권한다. 그런데 통증은 있지만 팔이 올라가긴 하는 사람은 다행히 회전근개가 완전히 파열되지는 않은 상태다. 당장 수술을 해야 할 상황은 아닐 것이다. 이런 경우는 '어깨 충돌 증후군'이 원인일 가능성이 높다. 어깨 충돌 증후군이란 어깨를 감싸는 뼈와 회전근개 근육의 힘줄이 팔을 들어올릴 때 충돌하면서 생기는 질환이다. 어깨를 반복해서 사용하거나, 오버헤드over-head 동작으로 팔을 들어올리게 되면 회전근개나 견갑골 주변 근육들이 약화되고 위축되어 어깨 공간이 좁아져서 마찰이 발생한다. 주로 장시간 앉아

✳ 어깨의 움직임을 담당하는 회전근개

서 사무 업무를 보다가 라운드 숄더가 된 사람, 등이 구부정하고 자세의 균형이 무너진 사람, 운동 부족으로 회전근개와 견갑골 주변 근육이 약화된 사람에게서 많이 나타난다. 이러한 증상이 의심될 때는 가까운 정형외과에서 정확한 진단을 받길 권한다.

쉽고 간단하게 내 어깨를 지키는 법

어깨 충돌 증후군 진단을 받았다면 다음 그림에 나오는 동작을 따라 하면서 운동 치료를 해보자. 초기에는 도구 없이 벽을 이용해서 간단히 운동을 해도 되지만, 밴드를 이용하면 더욱 효과적인 동작이 가능하다. 밴드를 문고리 같은 곳에 걸어서 한쪽 방향으로 당기는 동작을 해보자. 이렇게 어깨에 회전 움직임을 주면 회전근개를 더욱 강화하는 물리치료를 할 수 있다.

해마다 어깨 통증으로 고통받는 환자가 증가하는 추세

✷ 어깨 밴드 스트레칭

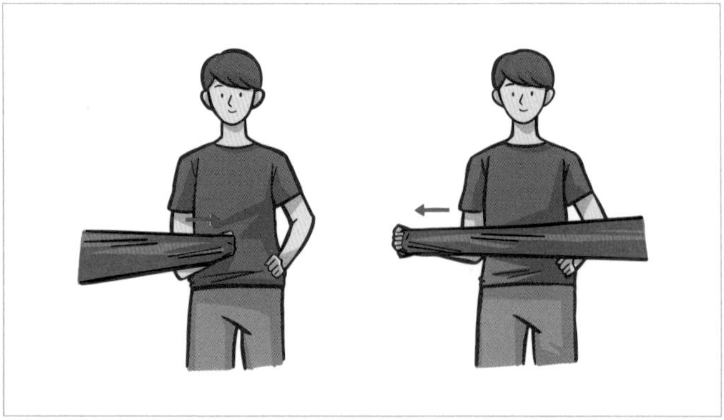

다. '유착성 관절낭염'을 '오십견'이라고 부르는 것에서 알 수 있듯 지금까지 어깨 질환 환자는 50~60대 이상의 고연령대인 경우가 많았다. 그러나 최근에는 다양한 여가 및 스포츠 활동을 즐기는 사람이 증가해 젊은 연령의 환자도 많아지고 있다. 젊은 연령에서는 이두건염이나 충돌 증후군, 견갑골 이상운동증처럼 물리치료를 받거나 적절한 휴식을 취하면 완치될 수 있는 질환이 주로 발생한다. 하지만 통증이 가라앉지 않고 1~2주 이상 지속되거나 악화된다면, 가까운 병원을 방문하여 진단을 받고 조기에 치료하는 것이 중요하다.

정형외과 전문의
이시영

어제 회식하고 아직까지 술이 안 깨요

“주말 아침이 더 힘드네. 아, 머리 아파.”

불금이라고 회식 자리에서 밤새도록 달렸더니 다음 날 아침, 두통과 속 쓰림이 찾아왔다. 몸이 물에 젖은 듯 무거워 일어나기도 힘들다. 겨우 몸을 일으켜 핸드폰을 확인해보니, 하필 오늘은 한 달 전부터 고대하던 소개팅이 있는 날! 술 냄새를 풍기며 거칠고 칙칙해진 얼굴로 나갈 수는 없는 노릇이다. 술 마신 다음 날이면 어김없이 찾아오는 지독한 숙취, 어떻게 해결해야 할까? 아니 애초에, 회식을 한 다음에도 상쾌하고 개운한 아침을 맞이할 방법은 없는 걸까?

숙취의 원인은 독성 물질 때문!

숙취란 전날 마신 술로 인해 아침까지 취기와 불쾌감이 계속되는 것을 말한다. 왜 우리는 이런 숙취에 시달릴까? 과학적으로 명백히 밝혀지지는 않았으나, 현재까지 가장 유력한 숙취의 원인은 알코올 분해 과정에서 생성되는 대사 물질인 '아세트알데하이드'라고 알려져 있다. 술이 우리 몸에 들어오면 간에 있는 알코올 탈수소효소ADH에 의해 아세트알데하이드로 바뀌고, 이는 다시 알데하이드 분해효소ALDH에 의해 아세트산으로 바뀐 후, 최종적으로 물과 이산화탄소로 분해되어 몸에서 배출된다. 하지만 과음을 할 경우 ALDH 효소가 독성이 강한 아세트알데하이드를 미처 다 분해하지 못해 그대로 체내에 축적되고, 메스꺼움, 두통, 안면 홍조, 어지러움 등의 증상이 발생하게 된다. 한국인들이 비교적 숙취가 많은 이유도 ALDH 효소와 관련이 있다. 특이하게도 한국인들은 알코올을 분해하는 ADH 효소는 많은 편이나, 아세트알데하이드를 분해하는

✳ 알코올의 분해 과정

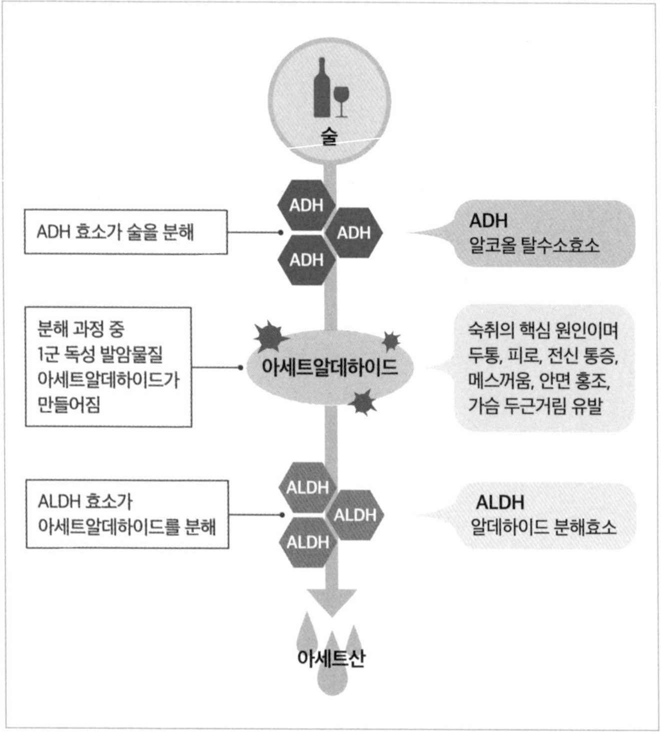

ALDH 효소는 별로 없다고 알려져 있다. 그래서 술을 먹으면 얼굴이 빨개지고 구역질이 나는 사람들이 많은 것이다.

숙취 해소제는 효과가 있을까?

술을 즐기는 문화가 발달한 우리나라에서는 편의점과 약국에서 손쉽게 숙취 해소제를 접할 수 있다. 대부분의 숙취 해소제에는 아세트알데하이드의 분해나 간 기능 개선에 도움을 주는 성분이 들어 있는데, 대표적인 숙취 해소제들을 살펴보면 헛개나무 추출물이 주성분인 제품이 많다. 헛개나무에는 간을 보호하는 성분인 사포닌, 플라보노이드, 알칼로이드가 있어서 간 손상을 예방하고, 체내 해독 효소인 글루타티온의 활동을 증가시킨다는 보고가 있다. 일부 연구에서는 헛개나무에 있는 이러한 성분은 술을 마시기 전에 섭취하는 것이 술을 마신 후 섭취하는 것보다 더 효과적이라고 밝혔다.

한편, 그 외에 효모 추출물도 숙취 해소에 도움이 된다. 한국식품영양학회지에 실린 한 연구 자료에서는 효모 추출물과 헛개나무 열매 추출물을 주재료로 한 숙취 해소 식품들을 비교한 결과 효모 추출물을 복용했을 때 혈중 알코올 농도가 조금 더 낮아졌으며, 아무것도 복용하지 않은 실험군에 비해 통계적으로 유의한 결과를 보였다고 한다. 숙취를 일으킨다고 알려진 아세트알데하이드 농도 또한 효모 추출물 복용 시에 더 낮게 측정됐다. 다만 실험군 수가 너무 적어 이 자료를 일반화하기에는 한계가 있다.

숙취 해소제들은 대개 설탕 함유량이 다소 높은데, 이는 간이 알코올 해독 과정에서 몸속의 당분과 수분을 이용하기 때문이다. 게다가 알코올 분해 과정에서 생기는 조효소가 포도당의 합성 작용을 방해하여, 술을 먹은 다음 날은 당분과 수분이 평소보다 많이 부족한 상태가 된다. 혈당이 떨어지면 어지럼증, 구토, 피로감 같은 증상이 나타나는데, 이 상태에서 과당을 섭취하면 음주 후 일시적으로 떨어진 혈당을 보충할 수 있어 숙취 해소에 도움이 된다. 우리가 예로부터 과음한 다음 날 꿀물을 한 그릇 마셨던 것도 이러한 원리 때문이다.

하지만 현재까지 국내에는 의약품으로 허가된 숙취 해소제가 없다. 대부분 임상적 근거가 약한 편이며, 일반 식품으로 분류되어 있다. 숙취 해소제는 어디까지나 단순 보조 식품일 뿐, 대규모 임상 실험으로 의학적 효과가 검증된 것은 아니기 때문에, 숙취 해소제를 먹으면 술을 많이 마셔도 문제가 없다는 식으로 맹신하는 것은 위험하다. 그렇다면 숙취 해소제를 섭취하는 것 말고, 직장인들이 회식 후 숙취를 최소화할 수 있는 방법에는 어떤 것들이 있을까?

숙취를 줄이는 6가지 방법

첫째, 숙취를 줄이는 가장 좋은 방법은 과음하지 않는 것이다. 그러나 피치 못하게 과음을 했다면 **수분 보충과 수면에 신경을 쓰자.** 물을 많이 마시고 잠을 충분히 자는 것이 숙취를 줄이는 키다. 술은 피부 노화의 최대 적이다. 우리 몸에 수분이 부족하면 각화 현상이 나타나 피부가 푸석푸석해지고, 혈관이 팽창되어 미세하게 혈관이 파열되기도 한다. 과음을 했더라도 물을 많이 마시고 잠을 푹 자면 피부가 치러야 할 대가를 최소화할 수 있다. 음주한 다음 날 아침, 수분 크림을 얼굴에 듬뿍 발라 푸석푸석한 피부를 진정시켜보자.

무엇을 먹는지도 숙취에 영향을 끼친다. **술을 마실 때 다른 음식을 곁들여 먹지 않고 술만 들이켜는 일은 피하자.** 음식을 같이 먹으면 알코올이 몸에 덜 흡수된다. 그중에서도 탄수화물, 특히 과당은 섭취 시 알코올 분해 속도가 증가하니 함께 먹으면 숙취를 줄일 수 있다. 평소 음주를 자주 즐긴다면 **비타민 B군을 잘 섭취하는 것도 중요하다.** 알코올 분해 과정 중에 알코올에서 수소를 떼어내는 효소가 있는데, 이 효소의 구성 성분이 비타민B3(니아신)다. 니아신은 트립토판이라는 단백질에서 만들어지기 때문에, 어쩔 수 없이 술을 자주 먹어야 한다면 니아신이 풍부한 단백질과 함께 먹는 것이 좋다. 또한 술을 과하게, 자주 먹을 경우 신경 전달에 중요한 역할을 하는 비타민 B1(티아민)이 부족해질 수 있다. 실제로 만성 알코올 중독자들은 티아민 결핍으로 기억력, 판단력, 집중력의 변화를 비롯하여 안면마비, 우울증, 알코올성 말초신경병증 등 여러 증상을 겪는다. 술 마신 다음 날 기억이 안 나고 필름이 끊긴 적이 있다면, 신경 전달을 돕는 비타민이 부족하지 않게 비타민 B군을 제대로 섭취하자.

숙취가 너무 심하거나 급하게 다른 일을 해야 할 때는 **병원에서 링거 주사를 맞는 것도 괜찮다.** 필자도 전공의 시절 큰 행사나 회식 후에 병원에서 링거를 맞으며 회복하고, 바로 다음 날 근무를 선 경험이 있다. 링거 주사는 탈수된 상태에서 수분과 당, 전해질을 직접 보충할 수 있어 효과적이다. 하지만 심장 질환, 당뇨 같은 기저 질환이 있는 사람들에게는 오히려 부작용이 있을 수 있고, 습관적으로 사용 시 알코올 해독 능력이 저하될 수 있어 반드시 주의해야 한다.

마지막으로, 무엇보다 우리가 기억해야 할 것은 **'간을 쉬게 해주는 것'이다.** 간은 체내의 화학 공장이라고 불릴 정도로 몸속에 들어온 모든 것을 해독하는 중요한 기관이다. 우리가 술을 마실 때마다 간이 얼마나 많은 일을 하는지 알면 깜짝 놀랄 것이다. 과도한 업무를 하고 나면 휴식이 필요하듯 간도 무리해서 일을 한 다음에는 휴식이 필요하다. 과음 후 최소 2~3일 동안에는 간이 무리하지 않도록 쉬어주자.

정신건강의학과 전문의
이의석

잘 잤냐고요? 한숨도 못 잤는데요

"딱 5분만 더 자고 싶다……."

오늘도 온몸이 천근만근이다. '딱 5분만 더 자고 싶다'는 생각이 드는 건 어렸을 때나 지금이나 마찬가지다. 알람이 서너 번 울리고 나서야 겨우 알람을 끄고 무거운 몸을 일으킨다. 세면대 앞에 서보지만, 여전히 잠이 깨지 않는다. 샤워를 하고 출근길에 오른 후에도 피곤함은 가시질 않고 계속 하품이 나온다. 이것이 바로 우리들의 아침 일상이다.

밤을 새운 것도, 전날 과음을 한 것도 아닌데, 왜 이렇게 피곤한 걸까? 아침 출근길을 떠올려보면 활기찬 모습보다는 잔뜩 지쳐 무표정한 모습으로 걸어가는 사람들이 많이 보인다. 만성적 무기력감이나 우울감 등 다른 원인이 있을 수 있지만, 사실 대부분은 잠을 푹 자지 못해서 그렇다. 직장인들은 평소에 회사에서 과중한 업무와 인간관계 스트레스에 매일같이 시달리는데, 직장에서의 감정이 밤 늦게까지 해소되지 않고 남아 있다면 수면에 어려움을 겪을 수 있다. 푹 자고 일어나 상쾌한 아침을 맞이하려면 어떻게 해야 할까?

수면의 질을 높이는 습관, 수면 위생

물론 "저는 힘든 게 하나도 없는데 잠이 안 와요"라고 말하는 사람들도 있다. 신체적으로 건강하여 불면증을 일으킬 만한 질환이 없고, 심한 우울감과 불안감을 안겨줄 만한 스트레스 요인이 없음에도 나타나는 불면증을 '일차성 불면증'이라고 일컫는다. 일차성 불면증을 겪고 있을 때 가장 먼저 해야 할 것은 '수면 위생'을 철저하게 지키는 것이다. 코로나 바이러스 같은 전염병 때문에 위생에 대한 이야기는 수도 없이 들어봤겠지만, 수면 위생이란 단어는 다소 생소할 것이다. 손발을 잘 씻어 세균과 바이러스라는 불청객을 막는 것처럼, 수면의 질을 떨어뜨리는 습관을 없애 보다 나은 환경에서 소위 '꿀잠'을 자도록 유도하는 것이 수면 위생이다. 수면 위생은 알고 보면 거창한 방법은 아니지만 수면의 질을 대폭 상승시킬 수 있는 중요한 습관이다. 지금부터 하나씩 살펴보자.

① 자려고 누웠을 때 침실은 아주 어두운 상태여야 한다. 빛을 차단하면 우리 몸에서는 수면 호르몬이라고 불리는 멜라토닌이 나와 수면을 유도한다. 빛은 우리 몸에 중요한 바이오리듬 인자로 작용하기 때문에 자야 할 때 빛을 받으면 수면 주기가 흐트러진다. 우리나라에서는 처방을 받아야 복용할 수 있는 멜라토닌 약은 밤낮의 라이프 사이클이 뒤바뀐 사람들의 수면 주기를 맞추는 데 꽤나 효과적으로 사용된다. 빛을 줄이기 위해 암막 커튼을 설치하거나 수면 안대를 착용하는 것도 한 방법이다. 방의 온도도 중요한 요소다. 흔히 몸을 따뜻이 해야 잠이 잘 온다고 생각하는데 그렇지 않다. 침실의 온도를 '아주 약간 쌀쌀한 정도'로 유지한다고 생각하는 게 좋다.

② 우리가 사랑하는 '야식'은 멀리하자. 병원에서 면담을 하다 보면, 배가 고파서 잠이 잘 오지 않는다며 포만감을 느낄 때까지 야식을 먹고 잠자리에 든다는 분들이 꽤 있다. 이는 반

은 맞고 반은 틀린 말이다. 식사를 하면 소화기관이 열심히 일을 하기 때문에 몸에 있는 혈액이 위장으로 쏠린다. 우리 몸의 혈액은 한정적이므로 자연스레 뇌로 가는 피의 양이 줄어들고, 동시에 소화가 잘 되게 하는 부교감신경계가 발동해 잠이 솔솔 오게 된다. 하지만 잘 때는 뇌뿐만 아니라 모든 장기가 편안한 상태로 쉬어야 깊게 잠들 수 있다. 음식을 먹고 바로 누우면 잘 때도 소화기관은 열심히 일을 해야 하므로 수면의 질이 떨어질 수밖에 없다. 적어도 잠들기 1~2시간 전에는 아무것도 먹지 않는 게 가장 좋다. 공복감으로 잠들기 힘들다면 기분을 좋게 만들어주는 따뜻한 우유 한 잔 정도로 하루를 마무리해보자.

③ 잠들기 전 무리한 운동은 하지 말아야 한다. 지속적인 운동은 체력을 향상시켜 신체뿐 아니라 뇌에도 변화를 주고 우울증 회복에 도움이 되지만, 무리한 운동은 도리어 수면에 방해가 될 수 있다. 간혹 어떤 이들은 몸이 너무 쌩쌩해서 잠이 안 오는 것 같다며 퇴근 후에 격렬한 운동으로 몸을 혹사시키기도 한다. 잠을 잘 때 우리는 하루 중 심신이 가장 많이 이완되는 편안한 상태로 빠져든다. 그런데 수면하기 전 5시간 내에 격렬한 운동을 하게 되면, 아드레날린 분비로 교감신경계가 흥분되고, 몸이 각성 상태에 접어들어 수면에 어려움을 겪

을 수 있다. 민감한 사람들은 수면 장애로 이어질 수 있으니 주의해야 한다.

④ 핸드폰과 시계를 곁에 두지 말자. 밤에 잠이 오지 않아 뒤척이다 시계를 보면 자꾸 내가 얼마 동안 잠을 설쳤는지, 지금 자면 몇 시간이나 잘 수 있는지를 생각하게 된다. 시계를 확인할 때마다 '지금 자도 3시간밖에 못 자는데 내일은 얼마나 피곤할까' 하는 불안한 마음만 커지기 마련이다. 요즘 자기 전 스마트폰을 안 보는 사람이 거의 없는데, 꼭 봐야 한다면 블루라이트 차단 기능을 켜서 최대한 빛을 피하자. 핸드폰이 시계 역할도 하기 때문에 되도록이면 가까이하지 않는 것이 좋다.

⑤ 잠자리에 드는 시간과 일어나는 시간의 사이클을 일정하게 맞추자. 물론 불면증에 시달리는 사람들에게 이것은 쉬운

일은 아니다. 하지만 앞서 이야기했듯 수면 주기를 유지하는 것은 매우 중요하다. 최소한 일어나는 시간이라도 일정하게 맞추려고 노력해보자.

⑥ **잠들기 1시간 전부터는 음료 섭취를 피하자.** 특히 연세가 있는 분들은 밤중에 화장실을 가려다 잠에서 깰 수 있다. 중간에 깼다가 다시 잠들지 못하는 일이 없도록 미리 방지하자.

⑦ **과도한 카페인 섭취는 피해야 한다.** 불면증으로 고생 중이라면 커피는 가급적 피하고, 꼭 마셔야 한다면 점심시간 이전에 섭취하도록 노력하자. 카페인은 우리 몸에서 3~4시간 정도 각성 효과를 발휘하는데, 건강한 성인이라도 체내에 남은 카페인을 약 90% 이상 배출하려면 12시간이 걸린다. 그러니 늦은 오후에 커피를 마시면 숙면에 영향을 끼칠 수 있다.

⑧ **술을 자주 마신다면 음주량을 줄여보자.** 알코올은 신체 각성을 저하시키는 진정 효과가 있어 잠이 오지 않을 때 마시면 나른해지는 느낌이 든다. 이 때문에 술에 의존하는 사람들이 많지만 막상 술을 마시면 수면의 질 자체는 떨어지고, 깊은 잠을 잘 수 없어 자고 나도 개운하지 않다. 또한 술에 의지해 잠드는 것이 반복되면 저절로 음주량이 늘고, 만성적인 알코올 의존에 빠질 가능성도 높아진다.

⑨ **억지로 자려고 애쓰지 말고 자리에서 일어나자.** 불을 끄

고 만반의 준비를 한 후 침대에 누웠는데 대략 30분이 넘어도 잠이 오지 않는다면 어떤 생각이 드는가. 계속 누워 있으면 불안한 마음이 더욱 커지고, 잠이 오히려 달아나는 상황이 벌어진다. 이럴 땐 차라리 일어나서 다른 행동을 해보자. 책상에 앉아 책을 읽다가 졸리다 싶으면 바로 누워서 잠을 청하면 된다. 여기서 강조하고 싶은 내용은 수면의 질과 더불어 '수면 효율'을 높여야 한다는 점이다. 수면 효율이란 누워 있는 시간 대비 실제로 잠을 잔 시간을 말한다. 수면 시간을 임의로 조절하는 것은 쉽지 않지만, 자려고 누워 있는 시간은 줄여볼 수 있다. 누워 있는 시간을 줄여 수면 효율을 높이면 패턴을 맞추는 데에 도움이 된다. 처음엔 새벽 늦게 잠들더라도 아침에 일어나는 시간을 일정하게 맞추어보자. 그리고 수면 효율이 90%가 넘을 때까지 이를 반복한 다음 수면 효율이 높아졌다면 누워 있는 시간을 15분씩 점차 늘려가자. 이런 노력을 통해 몸이 침대라는 공간을 잠이 올 때 눕는 곳으로 인식하게 되고, 졸릴 때 바로 잠에 빠질 수 있게 된다.

⑩ 낮잠은 20분 이내로 자야 한다. 밤에 깊이 자지 못하면 낮에 피로할 수밖에 없다. 회의 시간이나 근무 중 모니터 앞에서 나도 모르게 꾸벅꾸벅 졸거나 잠을 깨려고 커피를 계속 마셨던 경험이 있을 것이다. 어떤 사람들은 전날 잠을 설치면 하

루 동안의 수면 시간을 보충하기 위해 낮잠을 자야 한다고 말한다. 하지만 30분 이상의 낮잠은 오히려 수면 패턴을 망칠 수 있다. 낮잠은 바이오리듬을 되찾으려는 우리의 노력을 망가뜨리는 주범이니 조심해야 한다.

지금까지 다양한 수면 위생 습관에 대해 이야기했다. 이런 식으로 습관을 바꾸고 나서도 제대로 잠을 잘 수 없다면, 24시간 이상 자지 않고 한 사이클을 리셋시켜 되돌리는 '수면 박탈'이라는 방법도 있다. 그러나 이 방법을 혼자서 적용하기보다는 정신건강의학과 전문의와 상담한 뒤 나에게 맞는 적절한 방법을 찾아보거나 약을 처방받아 제대로 치료하기를 추천한다. 가끔 특정 수면제의 부작용에 대한 기사를 보여주며 불안함을 표출하는 분들을 보게 되는데, 정신과를 전공하기 전에는 나 또한 비슷한 편견을 가지고 있었기에 그 심정이 백번 이해가 된다. 하지만 우리나라 정신과에서 처방하는 수면 효과를 내는 약물들은 대부분 단기간으로 적은 용량을 사용했을 때에는 내성이나 의존성 같은 부작용을 우려할 필요가 없는 약이다. 뭐든 잘 모르면 불안하지만, 정확히 알고 적절히 사용하면 약이 되는 법이다.

잠이 오지 않는 진짜 원인이 있다?

병원에서 면담을 하다 보면 스스로 일차성 불면증이라고 생각하는 사람들을 종종 만나는데, 이런 분들도 사실은 다른 신체적·정신적 질환 때문에 잠을 못 자는 '이차성 불면증'인 경우가 많다. 이야기를 나누는 과정 중에 수면을 방해했던 원인들이 하나씩 드러난다. 어제 했던 사소한 실수로 인한 자괴감, 상사의 눈치를 보느라 지속적으로 받았던 스트레스, 일을 열심히 해도 느낄 수 없는 성취감, 친구나 가족과의 작은 다툼, 미래에 대한 막연한 두려움, 비슷한 또래지만 상사에 떠밀려 직장을 그만두는 직장 동료를 보며 드는 걱정 등 편안하게 잠자리에 들 수 없게 만드는 원인은 참 다양하다. 불면증 치료에서 수면 위생만큼이나 중요한 것은 우선 불면의 원인을 찾는 것이다. 특히 이차성 불면증을 겪고 있을 때는 불면 증상을 치료하기 이전에 근본적인 원인을 치료하는 게 우선이다. 허리가 아프다거나 우울증을 앓고 있다거나 다른 이유로 잠을 자지 못했다면, 이를 위한 치료가 선행되어야 하는 것이다.

불면증이라는 말에는 사람마다 각기 다른 너무나도 많은 사연들이 들어 있다. 사소한 스트레스부터 중증 정신 질환 혹은 신체 질환까지 그 원인이 다양하기 때문에 상황에 맞게 치료 방법을 택해야 한다. 치료를 받더라도 바로 원하는 만큼 잘 자기는 어려울 수 있다. 하지만 시간이 걸리더라도 전문적인 도움을 받으며 불면의 원인을 해결해간다면, 불면증으로 겪는 고통을 조금씩 덜어낼 수 있을 것이다.

하루 적정 수면 시간은 7~8시간으로 알려져 있다. 그런데 바쁜 현대인으로 살아가다 보면 이를 지키기는 생각보다 쉽지 않다. 그렇기에 수면의 질과 효율을 최대한 높이는 것이 중요하다. 적은 시간 자더라도 깊게 그리고 효율적으로 자도록 노력하는 습관을 들이고, 잠이 오지 않는 다른 이유가 있다면 그 원인을 치료하고 활력 있는 아침을 시작해보자.

내과 전문의
이응현

아침을 먹으면 정말 건강해지나요?

"아침 거르지 말고 꼭 챙겨 먹어."

아침에 일어나 가벼운 스트레칭을 하고 시계를 보니, 씻고 준비하는 걸 고려하더라도 여유가 약간 있다. 그냥 흘려보내려고 하면 흘러갈 시간이지만 왠지 오늘은 아깝게 느껴진다. 시간도 남는데 간단히 아침을 먹을까? 아침을 챙겨 먹으라고 한 부모님의 당부도 생각난다. 하지만 선뜻 손이 가지 않는 건 왜일까?

'아침 식사를 하는 것이 더 몸에 좋다', '아침 식사를 거르는 것은 건강에 좋지 않은 습관이다', 혹은 '식사를 건너뛰면 먹는 칼로리가 줄어들어 다이어트에 도움이 된다' 등 세간에는 아침 식사와 관련된 여러 이야기와 주장이 과학적 근거 없이 나돌고 있다. 건강 프로그램에서는 아침 식사가 식사 중 가장 중요한 식사라고 이야기한다. 하지만 가끔 어떤 전문가들은 아침을 건너뛰어도 딱히 상관이 없다고 한다. 아침을 먹어야 할지 말아야 할지, 지금부터 찬찬히 알아보자.

아침 식사와 다이어트는 관계가 있을까?

아침 식사와 체중 감량의 상관관계는 몇 년간 아침 식사 논쟁의 핵심이었다. 그도 그럴 것이 연구자들마다 너무나 상반된 주장과 논지를 펼치기 때문이다. 일부 시리얼 회사들이 자금을 지원했던 몇몇 연구에서는 체중 조절을 위해 이른 시간에 식사를 하는 것이 도움이 된다고 주장했지만, 식품 산업의 지원을 받지 않은 연구들을 살펴보면 그 대답이 명확하지 않다.

먼저 아침 식사가 체중 조절에 도움을 준다는 쪽의 의견을 살펴보자. 영양학자 안나 케스키-라코넨 박사는 아침을 먹으면 체중 증가를 막을 수 있다고 주장했다. 다이어트를 하려고 노력하는 비만인들은 아침보다 저녁에 더 많은 칼로리를 섭취하는 경향이 있는데, 낮에 충분히 식사를 하지 않아 배고픔과 갈망이 심해지면서 저녁에 더 많이 먹게 된다는 논리다.

또 다른 연구에서는 아침 식사를 건너뛰고 더 활동적인 생활을 하는 사람들보다 아침 식사를 하는 사람들이 체중이 적게 나가는 경향이 있다고 주장했다. 그러나 이들이 체중이 적게 나가는 것은 아침 식사 여부보다는 라이프 스타일이나 사회 경제적인 여건의 변화로 전반적인 건강 상태가 개선되었기 때문일 수도 있다. 예를 들어, 야간 근무 근로자들은 아침 9시에서 오후 5시까지 근무를 하는 사람들에 비해 아침 식사를 하기가 더 어렵고, 건강이 좋지 않을 가능성이 높다. 따라서 아침을 먹는 사람들이 반드시 체중이 더 낮다고 말할 수 없다. 명확한 상관관계가 증명되지 않았기 때문이다.

한편, 미국의 코넬대학교 연구진들은 아침 식사와 체중 감량 사이에 큰 연관성이 없다고 밝혔다. 이 연구에서는 아침 식사를 거르면 더 많은 칼로리를 태울 수는 있지만 신체의 염증 수준이 높아질 수 있다고 이야기한다. 이처럼 아침 식사에 대해서는 다양한 의견이 존재한다. 그러나 한 가지 확실한 것은 규칙적인 식사 습관이 우리 건강에 매우 좋다는 사실이다.

아침 식사를 너무 과하게 하지 않는다는 가정하에 일정한 시간에 일정한 간격으로 식사를 한다면, 아침 식사는 건강을 유지하는 데 큰 도움을 줄 것이다.

아침 식사를 거르는 게 정말 건강에 안 좋을까?

다이어트가 목적이 아니라면 건강한 아침 식사는 여러모로 이점이 많다. 정기적으로 아침 식사를 하는 사람들은 간식을 덜 먹게 되며 일정한 식습관을 갖게 되고, 신체 활동도 증가한다. 반대로 아침 식사를 건너뛰는 사람들은 비만뿐만 아니라 당뇨병, 심장병과 같은 만성 질환에 걸릴 가능성이 높아진다. 아침 식사는 건강의 지표가 되는 신진대사를 활성화하며, 지방을 태우는 능력을 강화한다. 제2형 당뇨병과 같은 만성 질환을 예방하는 효과도 있다. 요즘 간헐적 단식처럼 아침을 거르는 식사 패턴이 크게 유행하고 있는데, 이러한 패턴이 몸에 어떤 영향을 주는지는 아직 더 연구해봐야 한다.

건강한 삶을 위해 아침을 먹어야 한다는데, 만약 아침에 배가 고프지 않아 식사를 할 수 없다면 어떻게 해야 할까? 이런 문제로 고민하는 사람들은 늦은 밤에 간식을 먹는 식습관이 있어서 아침에 배고픔을 못 느끼는 것일 수 있다. 밤에 먹는 간식을 줄이거나 아예 먹지 않으면, 아침에 배가 고파지고 아침을 먹고자 하는 생각이 들 것이다. 그렇게 된다면 전반적인 식사 패턴이 훨씬 좋아지고, 자연스레 신체 건강도 더 좋아질 것이다.

건강한 아침 식사 Tip!

이제 아침 식사를 하기로 결정했다면 과연 무엇을 먹어야 할까? 좋은 아침 식사는 '단백질', '곡물', '건강한 지방', '과일 또는 채소' 네 가지가 포함된 식단이다. 단백질과 지방은 포만감을 증가시켜 불필요한 간식을 먹는 것을 줄이며, 곡물과 과일, 채소는 섬유질, 비타민 및 미네랄을 보충해줄 수 있다. 이 조건들을 만족하면서 간단하게 먹고 싶다면, 그릭 요거트에 견과류와 과일 그리고 통곡물 시리얼을 뿌려 먹는 것도 좋은 방법이다.

아침 식사를 하기 적절한 시간은 일정이나 필요에 따라 달라질 수 있지만, 보통 일어나고 나서 1시간 안에 하는 것이 좋다. 아침 식사는 마치 자동차에 연료를 넣는 것과 같다. 자동차도 연료가 있어야 가듯이 사람은 먹어야 움직인다. 몸에 연료를 공급하지 않으면 일과 생활, 운동의 질이 떨어질 수 있다. 격렬한 신체 활동일수록 탄수화물을 더 많이 섭취하고 지방과 섬유소를 적게 섭취해야 한다. 이럴 때는 오트밀 또는 시리얼을 먹는 것이 좋다. 달리기나 헬스처럼 격렬한 운동을 45분 이상 한 후에는 회복을 위해 다시 먹어야 한다. 이때는 적절한 수분, 탄수화물 및 단백질을 보충하는 것이 좋다. 걷기와 같이 가벼운 운동을 한다면 회복을 위해 따로 음식을 먹을 필요는 없다.

아침 식사는 건강한 삶을 유지할 수 있는 좋은 선택이다. 그렇다고 아침 식사가 체중의 변화에 특별한 영향을 주는 것은 아니니, 다이어트를 목적으로 아침 식사를 거르거나 먹는 것은 큰 의미가 없다. 일어나서 1시간 이내에 건강하고 다양한 성분의 음식을 골고루 먹는 것이 아침 식사로 건강을 챙기는 비법이다.

피부과 전문의
김태한

아침에 머리를 감으면 탈모가 온다고?

"이마가 언제부터 이렇게 휑했지?"

무심코 앞머리를 넘겼더니 이마 라인이 더 넓어진 것 같다. 탈모는 유전이라는 말이 생각나며 심한 탈모가 있었던 친척들의 모습이 눈앞에 아른거린다. 바로 핸드폰을 켜 탈모 방지 샴푸와 예방 습관들을 찾아본다. 그러다 '밤에 머리를 감는 게 탈모 예방에 좋다'는 글을 발견한다. 요즘 아침에 머리를 감았는데 그것 때문에 머리가 더 빠진 걸까?

우리 몸에서 털은 아주 중요한 역할을 한다. 과거 벌거벗고 살았던 시기에는 체온을 유지해주는 역할을 담당했고, 불필요한 자외선을 차단해 피부가 화상 입는 것을 예방해주기도 했다. 물론 현대에도 털은 여전히 몇몇 기능을 수행하고 있다. 속눈썹은 먼지나 이물질이 눈 안으로 들어가는 것을 예방하고, 눈썹은 땀이 눈으로 흘러 들어가 시야를 방해하지 못하게 막는다. 그중에서도 '머리털'은 기능적인 면뿐만 아니라 외적인 면에서도 현대인들에게 특별한 의미를 지니는 것 같다.

몸 전체에는 대략 500만 개의 모공이 존재하는데, 그중 약 100만 개가 두피에 분포되어 있다. 이 100만 개의 모공을 잘 보존하는 것이 현대를 살아가는 우리들의 고민일 것이다. 어떻게든 모발을 지키려고 갖가지 노력을 해보지만, 관심이 많은 만큼 탈모에 관련된 잘못된 정보와 오해가 난무한다. 사실 탈모는 아주 오래전부터 인류의 골칫거리였다. 유럽을 지배한 로마 제국의 카이사르 황제도, 상대성이론을 제안한 아인슈타인도 정복하지 못한 탈모였으니 오죽하겠는가. 셰익스피어 역시 탈모로 고통받았는지 "세월은 나에게 머리카락을 가져가는 대신 지혜를 주었다"라는 재밌는 명언을 남겼으니 말이다. 그래도 포기하기엔 이르다. 지금부터라도 제대로 알고, 꾸준히 관리해보자. 수많은 과장 광고와 헛된 소문에 휘둘

리지 않고 내 모발을 보호하는 방법은 올바른 정보를 아는 것뿐이다.

정수리가 비었다, 나도 여성형 탈모?

여성들은 비교적 탈모를 겪는 비율이 남성보다 적으며, 탈모가 와도 남자처럼 완전히 대머리가 되는 사례는 드물다. 이 드문 확률을 뚫고 여성에게 탈모가 오는 경우가 있는데, 이를 의학적 명칭으로는 '여성형 탈모'라고 한다. 여성형 탈모는 정수리 부근부터 머리카락이 얇아지고 숱이 적어지는 특징이 있다. 미용실에 갔는데 미용사가 정수리가 휑하다고 이야기한다면, 높은 확률로 탈모가 진행되고 있는 것이다. 내가 여성형 탈모인지 자가 진단을 하는 방법은 간단하다. 우선은 가족 중에 대머리가 있는지 확인해봐야 한다. 부모님과 형제자매 중에 대머리이거나 탈모가 진행된 사람이 있는가? 그렇다면 고위험군에 속한다. 이런 사람들은 자신의 정수리를 6개월 간격으로 촬영해보자. 6개월마다 찍은 파일을 확인해보고, 점차 휑해지는 게 보인다면 그때는 피부과 의원을 방문해서 상태에 따라 적절한 치료를 받는 것이 좋다. 다양한 치료법 중 가장 기본이 되는 치료는 머리에 발모제를 바르는 것이다. 대표적인 발모 약품인 미녹시딜Minoxidil을 두피에 바르면 탈모의 진행을 늦추고, 다시 볼륨감 있는 머리카락을 찾을 수 있다. 미녹시딜은 여성의 경우 보통 3% 농도로 처방한다. 그런데 미녹시딜을 처음에 바르면 한두 달 동안은 모발이 더 빠지는 '쉐딩' 현상이 나타날 수 있다. 이는 탈모 증상과는 무관하며, 약물이 효과를 발휘하느라 수명이 다 되어서 곧 빠질 머리카락을 빠지게 만드는 것이다.

바르는 약물로도 치료가 잘 되지 않으면 경구약을 먹는 등 다른 방법을 사용한다. 쉽지 않은 길이지만 의학적으로 효과가 있는 치료 방법들이니, 인터넷에 광고하는 모발 영양제나 건강 식품에 의존하기보다는 피부과를 방문해서 상담받는 것을 추천한다. 탈모 샴푸나 건강식품, 영양제같이 집에서 할 수 있는 방법은 생각보다 효과가 떨어지기 때문에 돈만 낭비하게 될 가능성이 크다. 반면 병원에서 하는 치료는 비용은 들어도 효과가 확실하다. 부작용 또한 생각보다 드물며, 혹시 생기더라도 치료를 중단하면 거의 문제없이 회복되니 지레 걱정할 필요는 없다.

남성형 탈모, 검증된 치료법은 무엇일까?

우리나라의 많은 남성들이 남성형 탈모로 고통받고 있는데, 다행인 점은 남성형 탈모가 여성형 탈모보다 치료 반응이 좋고, 특효약이 있다는 것이다. 남성형 탈모는 더 많은 이들이, 더 심한 증상을 겪는 대신에 치료를 하면 다시 풍성한 머리로 되돌아 갈 수 있는 가능성이 있다. 그러니 되도록 병원에 방문하는 것을 추천한다. 남성형 탈모 치료는 보통 먹는 약 처방을 기본으로 한다. 먹는 약으로는 대부분 '프로페시아'라는 상품명으로 알려진 피나스테리드Finasteride 성분과, '아보다트'라는 이름으로 알려진 두타스테리드Dutasteride 성분 두 종류가 처방된다. 피나스테리드는 처음에는 전립성 비대증 치료제로 쓰였는데, 약을 복용한 사람들에게 머리카락이 자라는 효과가 나타나서 현재는 탈모 치료제로도 쓰인다. 연구진들이 수차례 임상 시험을 거쳐 적은 용량으로 탈모 치료에 최고의 효율을 내는 구간을 찾았고, 이에 따라 피나스테리드는 매일 1mg 즉, 한 알씩 복용하는 것을 권장하고 있다. 이 약은 M자 모양 탈모보다는 정수리 탈모에 효과적이며, 복용 후 3~6개월이 지나면 눈에 띄는 효과를 볼 수 있다.

대다수가 이런 먹는 약의 부작용으로 성기능 감퇴와 여

성형 유방(여유증)을 걱정한다. 하지만 대규모 연구 결과 복용자 중 성욕 감퇴를 경험한 사람은 약 1.8%, 발기부전을 경험한 이들은 1.2%밖에 되지 않았다. 게다가 가짜 약을 먹은 대조군도 각각 1.3%, 0.7% 정도 부작용을 경험했다. 결론적으로 성기능 장애 부작용이 나타나는 경우는 100명 중 2명 미만으로 그 수가 미미하며, 노화나 운동 부족으로 성기능 장애가 생길 가능성도 있기 때문에 걱정할 수준의 부작용은 아니다. 여성형 유방도 약물 복용자 1천 명 중 4~10명에게만 나타날 정도이니 드문 부작용이라 봐야 한다. 여성형 유방은 유방에 약간의 통증이 있으면서 몽글하게 살이 차오르는 현상으로, 복용 중 살찌는 것과 무관하게 이런 증상이 생긴다면 복용을 중단하고 전문의와 상담해야 한다.

그런데 우리가 흔히 탈모가 걱정될 때 사용하는 탈모 샴푸는 정말 효과가 있을까? 안타깝지만 지금까지 의학적으로 효능을 인정받은 탈모 샴푸는 없다. 그렇기 때문에 탈모 샴푸들은 '의약외품'이 아닌 '기능성 화장품'으로 분류되어 판매되고 있다. 탈모 관련 제품들은 모발 굵기 증가나 탈모 방지 효과가 있다고 선전하는데, 이는 뚜렷하게 입증된 효능이 아니므로 현명한 소비자라면 굳이 구입하지 않아도 된다.

결론적으로 나이가 들면서 서서히 진행되는 남성형 탈모

치료법은 한 가지로 정리할 수 있다. 현재까지 의학적으로 효과가 뚜렷하게 증명된 것은 오직 '먹는 약'뿐이다. 바르는 미녹시딜도 효과가 있지만 아무래도 가장 강력하며 효과가 좋고, 투약이 간편한 것은 피나스테리드, 두타스테리드 약물이다. 부작용만 없다면 장기 복용해도 큰 문제를 일으키지 않는다. 다만 이 약들은 전립선 특이 항원 검사PSA, Prostate Specific Antigen 수치를 떨어뜨리므로 추후 전립선암을 판별하는 데 혼란을 일으킬 수 있다. 따라서 나이가 50대 이상이라면 매년 PSA 수치를 검사하면서 약을 복용할 것을 권유한다.

직장인 건강 고민, 의사에게 물어보세요

Q 아침에 머리를 감으면 탈모가 생기나요?

A 아침에 머리를 감는다고 머리카락이 더 빠지거나 탈모가 생기진 않아요. 아마 아침에 머리를 감으면 머리카락이 더 많이 빠지는 느낌이 들어 이런 속설이 생겨난 듯한데, 원래 머리카락은 하루에 100개까지는 정상적으로 빠질 수 있어요. 밤새 잠든 동안 수명이 다해 빠질 머리카락이 아침에 머리를 감고 말리는 동안 한 번에 빠지면서 탈모가 생긴 것 같은 느낌을 주는 것입니다. 이러한 머리카락들은 아침에 머리를 감지 않아도 낮에 생활하면서 빠질 머리카락이니 너무 걱정하지 않아도 됩니다. 하지만 탈모와 별개로 낮에 쌓인 실외의 먼지와 노폐물을

씻어내는 의미에서 저녁에 머리를 감는 것이 더 좋다고 말할 수 있겠습니다.

Q 스트레스를 받으니 두피에 열이 나고 통증이 있어요. 두피 관리 어떻게 해야 하나요?

A 두피에 열이 나고 통증이 생긴다면 대부분 지루성 피부염이 악화되었다고 보면 됩니다. 지루성 피부염이 통증까지 있을 정도로 심하다면 피부과에서 약을 처방받는 방법이 가장 좋겠지만, 집에서도 진정시킬 수 있는 방법이 몇 가지 있어요. 먼저 염증을 진정시켜주는 샴푸를 사용하는 것입니다. 약국에서 살 수 있는 케토코나졸 샴푸나 시클로피록스 샴푸가 도움이 될 수 있습니다. 이 샴푸와 같이 인터넷이나 해외 직구로 구할 수 있는 셀레늄이 포함된 샴푸를 번갈아 사용하는 게 좋습니다. 그 외 징크 성분이 포함된 샴푸 또한 유용합니다. 하지만 사람마다 다를 수 있으니 여러 샴푸를 사용해보고 자기한테 가장 효과적인 샴푸를 찾으면 됩니다. 또한 머리를 감을 때 손가락으로 두피를 부드럽게 문질러 마사지를 해주고 노폐물과 피지를 깨끗하게 닦아내는 습관이 필요해요.

Q 탈모 예방을 위한 생활 습관을 알려주세요.

A 탈모 예방을 위한 생활 습관 딱 세 가지만 기억하세요! 첫 번째는 '영양'입니다. 영양이 부족하면 급격히 탈모가 생길 수 있어요. 특히 과도하고 급격한 다이어트는 좋지 않습니다. 영양 부족은 탈모에 치명적이에요. 다이어트를 할 경우에는 세 달 이상 계획을 세워 점진적으로 빼고, 단백질과 철분은 충분히 섭취해주는 것이 좋습니다.

두 번째는 '샴푸'입니다. 샴푸에 들어 있는 OPC(올리고머 프로안토시아니딘), 비오틴, 코퍼펩타이드, 올레아놀릭산, 아피제닌, 나이아신 등 성분이 효과가 있습니다. 이미 진행되고 있는 탈모를 되돌리기에는 역부족일 수 있으나, 예방 차원에서 사용한다면 실험적으로 검증된 성분들이니 사용해봐도 좋습니다. 또한 머리를 감을 때 샴푸로 두피 모공을 막는 노폐물을 씻어주고 부드럽게 손가락 끝으로 마사지해주는 것이 좋습니다.

세 번째는 '두피와 머리카락을 아끼기'입니다. 스트레스를 받으면 두피를 벅벅 긁거나 머리카락을 괴롭히는 습관은 좋지 않아요. 특히나 지루성 피부염이 있는 사람은 가려움증 때문에 자꾸 두피를 긁는데 이는 모발을 부러뜨려 탈모를 유발하고 지루성 피부염 자체도 악화시킵니다. 또 머리카락을 당겨서 묶는 경우도 견인 탈모를 유발할 수 있으니 유의해야 해요.

Q 검은콩이 탈모에 좋다고 하던데, 정말인가요? 두피 건강에 도움이 되는 음식이나 영양제가 있는지 궁금해요.

A 검은콩이 탈모에 좋다는 건 잘못된 속설입니다. 사실 검은콩에는 과학적으로 검증된 탈모 예방에 도움되는 성분이 들어 있지는 않아요. 하지만 풍부한 단백질과 무기질을 포함하고 있어 영양적인 측면에서는 섭취하는 게 좋다고 볼 수 있습니다. 머리카락의 80%는 케라틴이라는 단백질로 이루어지는데 단백질 공급이 부족하면 모발이 튼튼하게 자라지 못해서 탈모가 올 수 있으니 단백질을 충분히 섭취하는 것이 필요합니다.

영양제로는 약국에서 구입할 수 있는 판토텐산과 케라민, 항산화제 성분이 포함된 종합 모발 영양제 종류나 비오틴 성분을 추천할 수 있습니다. 하지만 어디까지나 큰 효과를 기대하기보다는 혹시나 부족할 수 있는 성분을 보충해준다는 개념으로 섭취하는 것이 좋습니다.

직장인의 출근

내 몸이 회사를
거부하나 봅니다

내과 전문의 **이용현**,
피부과 전문의 **김태한**

오늘도 역시 하늘이 미세먼지로 가득하군요

"미세먼지 때문인가, 하늘이 뿌옇네."

출근길 버스에서 창밖을 바라보는데 안개가 낀 것처럼 하늘이 뿌옇다. 핸드폰으로 미세먼지 농도를 확인해보니 여지없이 미세먼지는 '매우 나쁨' 상태다. 보기만 해도 건강에 매우 안 좋을 것 같은 이 미세먼지는 최근 몇 년간 우리나라에서 심각한 문제로 대두되고 있다. 미세먼지를 걸러주는 기능이 있는 마스크, 피부에 닿은 미세먼지를 제거해주는 클렌징 용품들이 등장했고, 공기청정기 또한 가정의 필수 가전제품으로 자리 잡았다. 건강에 관심이 있는 사람이라면 외출 전 미세먼지 농도를 체크하거나 관련 제품들을 사용하며 미세먼지를 신경 쓴 적이 있을 것이다. 그런데 미세먼지는 도대체 어떤 점이 그토록 건강에 안 좋은 것일까? 집 안에 떠다니는 일반적인 먼지와 무엇이 다르길래 우리는 숨 막히는 마스크를 쓰고 다니며, 팍팍한 살림살이에도 공기청정기를 구매하는 것일까?

1 미세먼지, 작지만 엄청난 영향력

미세먼지는 말 그대로 엄청나게 작은 먼지다. 직경 10μm(마이크로미터) 이하의 먼지를 미세먼지라고 하고, 그중에서 더욱더 작은 2.5μm 이하의 먼지를 초미세먼지라고 한다. 머리카락 직경이 약 50μm인 것을 보면 미세먼지가 얼마나 작은지 짐작할 수 있다. 미세먼지는 크기가 매우 작기 때문에 우리 몸에서 외부 물질을 거르는 필터에 걸리지 않고 깊숙이 들어온다. 이물질이 들어오는 것만 해도 큰 문제지만, 미세먼지가 유기탄화수소, 황산염, 질산염, 중금속처럼 인체에 치명적인 성분으로 이루어져 있다는 점이 더욱 심각하다. 대표적인 1급 발암물질이자 천식 및 비염을 더 악화시키는 주범인 미세먼지의 해악은 이루 말할 수 없을 정도다.

미세먼지가 몸에 좋지 않다는 것은 자명한 사실이지만, 구체적으로 우리 몸에 어떠한 영향을 미치는지는 잘 모르는 사람들이 많다. 미세먼지는 호흡기, 심장 질환, 뇌 질환, 알레르기 질환, 피부 질환과 같은 수많은 병과 연관되어 있다. 그리고 젊은 사람들보다 기존에 만성 질환을 가진 환자들과 노인, 어린이들에게 더 치명적이다.

미세먼지는 10μm, 2.5μm, 1μm 등 지름 크기에 따라 분류하는데, 크기가 작으면 작을수록 신체에 미치는 영향이 크다. 작을수록 폐 깊숙한 곳으로 침투하고, 일부는 피에 섞여서 온몸을 돌아다니기 때문이다. 미세먼지가 가장 직접적으로 영향을 주는 것은 호흡기다. 작은 분진들이 호흡할 때마다 폐로 들어가는데, 크기가 큰 미세먼지는 며칠 안에 몸 밖으로 배출되지만, 아주 작은 입자인 경우 짧게는 몇 주부터 길게는 몇 개월까지 몸속에 남아 있다. 모래알보다 10배 정도 가는 입자들이 호흡할 때 기관지와 폐에 흡착한다. 이때 흡착된 미세먼지는 염증을 유발해 비염, 천식, 부비동염, 기관지염, 심지어는 폐렴과 같은 질환을 일으킨다. 천식이나 만성 폐 질환이 있는 환자들은 미세먼지에 더 민감하게 반응해 병이 악화되어 급성 질환에 노출됨으로써 조기 사망할 가능성이 높아진다. 2015년 한 통계에 따르면 약 1만 8천 명이 미세먼지와 관련된 폐 질환을 겪었다고 한다.

미세먼지는 폐뿐만 아니라 혈관 질환, 뇌 질환도 유발한다. 2.5μm 크기의 초미세먼지는 폐에서 혈관으로 침투해 우리 몸 구석구석 돌아다니며 혈관에 침착한다. 이로 인해 심하면 뇌졸중, 뇌경색, 심장마비까지 올 수 있다. 쉽게 설명하자면 작은 미세 물질들이 우리 뇌와 심장의 혈관을 막을 수도 있다는 것이다. 만약 이 때문에 혈전이 생성되면 심장마비, 심근경색, 부정맥이 생길 수 있다. 미세먼지는 광범위한 지능 저하, 치매, 우울증 등 기억력과 전반적인 정신 건강에도 악영향을 줄 수 있다. 지난 2013년 세계보건기구는 미세먼지를 1급 발암물질로 지정했다. 미세먼지가 '암과 연관성이 있는' 정도가 아니라, '암을 일으키는' 수준의 물질이라는 뜻이다. 그중에서도 미세먼지는 폐암과 꽤 깊은 연관성이 있다.

미세먼지는 이제 우리 일상이 됐다. 앞서 이야기한 내용들을 제대로 알고, 미세먼지에 철저히 대비하자. 특히 노인과 어린이, 환자들은 더욱 조심해야 한다. 미세먼지가 많은 날은 외부 활동을 삼가고, 꼭 나가야 한다면 미세먼지 차단 마스크를 쓰는 것이 큰 도움이 된다. 일반 마스크로는 미세먼지를 거를 수 없기 때문에 KF80, KF94, KF99와 같은 알맞은 기능의 마스크를 착용해야 한다. KF 뒤의 숫자는 작은 입자를 몇 퍼센트나 거를 수 있는지를 나타낸 지표다. 가령 KF94는 미세먼지를 94% 거를 수 있는 마스크라는 뜻이다. 앞으로 가능하면 미세먼지를 피하고, 피할 수 없다면 마스크를 착용해 내 몸을 지키자.

미세먼지가 피부를 망친다?

호흡기에 악영향을 미치는 미세먼지는 우리 몸에서 가장 면적이 넓고 중요한 기관 중 하나인 피부에도 침투할 수 있다. 미세먼지가 피부에 침투해 염증성 피부 질환을 일으키고, 아토피 피부염을 악화시킬 수 있다는 것은 이미 의학적으로 수차례 검증됐다. 호흡기는 마스크를 써서 보호하면 되지만, 피부는 어떻게 미세먼지로부터 보호할 수 있을까?

첫 번째로 최대한 피부를 가리는 게 중요하다. 원론적인 방법이라고 생각할 수도 있겠지만, 미세먼지를 막는 방법 중에 가장 효율적이면서 간편한 방법은 피부를 가리는 긴팔, 긴바지를 입는 것이다. 하지만 얼굴까지 다 가려주는 옷도 없는 데다 무더운 여름날에 긴 옷을 입는다는 것은 현실적으로 쉽지 않다.

두 번째는 미세먼지 차단 기능이 있는 제품을 사용하는 것이다. 화장품 업계에서는 적극적으로 안티폴루션anti-pollution 제품을 출시하고 있다. 안티폴루션 제품은 피부에 일종의 얇은 보호막을 형성하여 미세먼지가 흡착되는 것을 줄여주는 제품이다. 미세먼지가 심한 날에는 평소 쓰던 화장품 대신에 안티폴루션 기능이 검증된 화장품을 사용한다면 내 피부를 지킬 수 있다. 하지만 안티폴루션 제품에도 한계가 있다. 아무래도 시장이 아직 초기 단계다 보니 검증 방법도 엄격하지 못하고, 심지어는 검증되지 않았음에도 안티폴루션 제품이라고 허위 광고를 하는 제품도 허다하다.

안티폴루션 제품으로 인정받기 위해서는 식품의약품안전처에서 정한 가이드라인을 따라 시험을 통과해야 한다. 그러나 그 검증 방법이 허술하기 짝이 없다. 20명 이상의 피험자를 대상으로만 실험을 하면 되는데, 이 피험자들이 실험 전 어떤 피부 상태여야 하는지 기준이 정확히 정해져 있지 않다. 또한 국가가 공인한 특정 연구소에서 검증을 시행하는 것이 아니라 제조사 측에서 연구한 자료를 토대로 하기 때문에 신뢰하기가 어렵다. 더군다나 미세먼지를 어느 정도 차단했는지

기준이 되는 수치도 없다. 통계적으로 유의하기만 하면 그저 통과되는 것이다. 화장품 제조사들이 앞으로 '안티폴루션 인증'을 내세운 마케팅에만 열을 올리지 말고 실질적으로 도움이 되는 제품을 내놓길 기대한다. 소비자들도 이런 제품들을 맹목적으로 믿지 말고 여러 방법 중 하나로 생각해야 한다.

셋째는 이미 묻은 미세먼지를 제대로 클렌징하는 것이다. 외출 후에는 즉시 샤워를 하는 것이 가장 좋다. 샤워를 어떻게 해야 하는지는 뒤에서 다룰 것이다. 미세먼지가 심한 날에는 클렌징을 평소보다 꼼꼼하게 하자. 얼굴을 씻을 때는 꽤 세심히 씻은 것 같아도 생각보다 잘 안 닦이는 부분이 많다. 헤어라인 근처나 얼굴의 가장자리, 턱 아래, 눈 사이가 대표적인 부분이다. 외출하고 돌아오면 미온수로 얼굴 구석구석 안 닦이는 곳이 없도록 세안해야 한다. 간혹 모공 속에 침투한 미세먼지를 잡는다고 브러쉬 같은 도구를 쓰기도 하는데, 피부에 자극을 주는 경우가 많으니 사용하지 않는 것이 좋다. 화장을 지울 때는 클렌징 오일로 색조 화장을 지운 다음 자신이 주로 사용하는 자극 없는 클렌징 제품으로 세안하자. 다만 꼼꼼하게 한다고 1분 이상 문지르면 오히려 피부 장벽이 손상될 가능성이 있으니 주의해야 한다. 미세먼지 공포 마케팅의 일환으로 미세먼지를 세척해주는 클렌징 제품도 등장했다. 하지만 앞서 언급한 안티폴루션 제품들과 다르게 미세먼지 클렌저들은 인증 기관도 없고 신뢰하기 어려운 경우가 대부분이다. 따라서 클렌저는 미세먼지 세정용을 별도로 구입하기보다는 자기 피부와 잘 맞는 제품을 사용하면 된다.

정신건강의학과 전문의
이의석

매일 울면서 출근하는 직장인 A 씨, 혹시 '월요병'?

"출근할 생각을 하면 가슴이 답답해요."

즐거운 주말을 보내고 일요일 밤이 되자, 막연한 걱정과 불안이 밀려온다. 회의 시간에 나를 혼내던 상사의 얼굴이 떠오르니 아무것도 하기 싫어진다. 혹시 아침이면 몸이 무거워 일어나기 힘들고, 밤에는 내일이 안 왔으면 좋겠다고 생각한 적이 있는가? 어느새 나도 모르게 분노가 차오르고, 별것 아닌 일에도 짜증이 나고 예민하게 반응하지는 않았는가? 이런 증상이 더욱 심해지면 잠도 잘 오지 않고 몸이 이곳저곳 쑤시고 아프다. 이것이 우리가 흔히 말하는 '월요병'의 증상이다. 과연 월요병은 실제로 있는 질환일까? 그렇다면 치료법은 도대체 무엇일까?

'절이 싫으면 중이 떠나라'라는 말이 당연하게 여겨지던 시절이 있었다. 이 회사가 싫고, 지금 맡고 있는 업무나 같이 일하는 동료, 선후배가 싫으면 당사자가 떠나야 한다는 말이다. 그러나 현실은 이렇게 간단하지 않다. 업무가 힘들어도 해내야 하고, 싫은 사람들도 매일 부딪히고 만나야 한다. '직장 내 괴롭힘 금지법'이 만들어질 만큼 이와 관련된 직장인들의 스트레스는 어마어마하다. 물론 경쟁이 심한 사회에서 남들보다 뒤처진다는 생각이 들거나, 일이 갑자기 늘어나면 업무에 관한 스트레스를 받을 수 있다. 그런데 사실 직장에서 받는 가장 큰 스트레스는 '인간관계'에서 비롯될 때가 많다.

1 월요병, 먼저 내 마음부터 돌아보기

정신적으로 건강한 상태에서는 누군가에게 쓴소리를 듣더라도 농담처럼 웃고 넘길 수 있지만, 마음의 여유가 없을 때는 별일 아닌 일에도 크게 상처를 입고 놀라기 마련이다. 이런 상황이 여러 차례 반복되면 자라 보고 놀란 가슴 솥뚜껑 보고 놀란다는 속담처럼 조금만 비슷한 일이 일어나도 놀라고 점점 스트레스가 쌓여, 나중에는 회사 전체가 불안과 혐오의 대상이 된다. 당연히 이런 상태일 때는 일에 집중하기 힘드니 실수도 잦아지고 지각을 자주 하거나 출근 자체를 기피하게 되는 것이다. 세밀하고 복잡한 인간관계 스트레스는 어떻게 해결해야 할까?

이럴 때는 먼저 내 마음을 살펴볼 필요가 있다. 내가 처음에 두려워했던 것이 정확히 무엇인지, 내 사고가 점차 왜곡되지는 않았는지 살펴보아야 한다. 인지치료의 아버지라 불리는 심리학자 아론 벡A. T. Beck은 앞서 설명한 것과 유사한 증상들을 '자동적 사고'라는 개념으로 설명했다. 자동적 사고란 어떤 기억이나 자극에서 나온 주관적 생각 때문에 자동적으로 특정한 정서적 반응이나 행동을 보이는 것이다. 벡은 자신이 면담하던 사람들을 통해 자동적 사고의 발전 과정을 정리했다. 그들 중 한 젊은 남성은 면담 시 마음속에 떠오르는 모든 것을 아무 여과 없이 말하라는 요청을 받았으나, 특정 주제와 관련된 생각들은 이야기하지 못했다. 이를 이상하게 여긴 벡은 환자들의 과거력부터 가족과의 관계 등 모든 자료를 되짚어보왔고, 결국 심리적 문제의 본질을 이해하려면 이들이 하는 특정한 생각의 유형을 파악하는 것이 중요하다고 판단하게 됐다. 하루는 그 내담자가 벡에게 화를 낸 후 자책하면서 이렇게 말했다. “내가 이런 말을 해서는 안 되는데…… 비난하는 것은 잘못이야. 나는 나쁜 사람이야, 그러니 이제 선생님이 나를 좋아하지 않을 거야.” 내담자는 하나의 사건과 감정을 두고 두세 걸음 앞서 나가 자신을 비하하는 자동적 사고에 빠져 있었다.

이처럼 자동적 사고는 과거의 경험에서 학습된 생각과 감정으로 아직 일어나지도 않은 일을 미리 걱정하며 불안해하고 우울감에 빠지도록 만든다. 스트레스가 심해 심리적으로 불안정한 사람들은 특히 극단적이거나 왜곡된 자동적 사고에 빠지기 쉽다. 예를 들면, 옆자리 인턴 사원에게 자료 정리를 부탁했는데 시간 내에 못했을 때 ‘나를 무시하는 게 아닐까?’ 하는 생각이 들고, 출근해서 상사의 표정이 어두우면 곧바로 ‘내가 무엇을 잘못해서 탐탁지 않게 여기는 걸

까?' 하고 걱정하게 되는 것이다. 이렇게 아주 작은 일에도 부정적인 미래를 상상하며 분명히 이 상황이 더욱 악화될 거라고 믿는 왜곡된 사고는 계속 스트레스를 가져다준다. 우리는 자동적 사고를 끊어내어 스트레스 상황이 지속되지 않도록 해야 한다.

1 내 불안은 어떤 생각에서 나온 걸까?

인지행동치료에서는 기본적으로 인간의 경험을 '상황-생각-감정-행동' 모델로 설명한다. 쉽게 설명하자면 스트레스 '상황'이 발생하면 이에 대해 왜곡된 '생각(자동적 사고)'을 하고 부정적 '감정(우울감, 무기력감)'이 들면서 옳지 않은 '행동(나쁜 언어 습관, 소극적 태도, 폭력 등)'을 한다는 것이다. 여기서 잘못된 생각을 끊어주는 게 치료의 핵심이다. 인지 오류 때문에 생긴 부정적인 자동적 사고를 스스로 식별함으로써 생각과 감정을 보다 나은 방향으로 변화시킬 수 있다. 스트레스를 받았던 상황을 떠올려보고, 그 당시에 어떤 생각이 들었으며 그때 느꼈던 핵심 감정은 무엇인지 생각해보자. 떠오르는 게 있다면 그 중 자동적 사고를 유발하는 인지 오류를 찾아보자. 인지 오류는 자동적 사고로 이끌어주는 다리 역할을 하기 때문에 중요하다. 다음은 우리가 쉽게 범하는 대표적인 인지 오류 10가지를 정리한 것이다.

1. **극대화 혹은 극소화**: 실제와 무관하게 극단적으로 과대평가하거나 과소평가하는 것
2. **재앙화**: 현실 상황과는 상관없이 결국에는 망할 것이라고 최악의 상황을 생각함으로써 두려움에 빠지는 것
3. **긍정적인 것에 대한 평가 절하**: 지금까지 잘해왔던 경험을 떠나 자신을 비하하고 능력을 낮추어 보는 것
4. **이분법적 사고**: 모든 경험을 연속적 개념보다는 흑백논리와 같이 중간 지대 없이 보는 것
5. **잘못된 명명**: 어떤 하나의 행동이나 특성을 기준으로 그 사람 및 사건에 부정적인 별명을 붙이는 것
6. **감정적 추론**: 이성과 논리에 따라 결론을 내리는 것이 아닌 자신의 경험과 감정을 진실로 여겨 미래를 그릇된 방향으로 생각하는 것
7. **선택적 추상화**: 전체가 아닌 한 부분에 근거하여 이를 전체인 것처럼 여기며 자신의 믿음에 반하는 사실은 받아들이지 않는 것

8. **임의적 추론**: 명확한 증거 없이 감정에 따라 결론을 내리는 것
9. **지나친 일반화**: 한두 번 일어난 사건으로 항상 그렇다는 식의 결론을 내리는 것
10. **개인화**: 다른 이유로 생긴 일을 자기 책임이라고 생각하는 것

내가 느끼는 불안감이 어떤 인지 오류를 통해 발전되어왔는지 살펴보고 변화하려 노력한다면, 회사에서 느끼는 스트레스와 월요병도 점차 좋아질 수 있을 것이다. 이해하기 쉽게 예시를 들어보겠다. A 씨는 한 달에 한 번 제출하는 결재 보고서를 성심껏 작성하여 상사에게 전달했고, 추가 개선 사항에 대한 피드백을 받았다. 그런데 A 씨는 오늘따라 왠지 혼날 것 같은 기분이 들었다. 그리고 이내 이전에 잘해왔던 본인의 모습은 잊은 채 '난 망했어. 이제 인사고과 평가에서도 마이너스 받아서 승진은커녕 퇴사해야 하는 거 아냐? 난 항상 이런 식이야. 난 실패자야'라는 생각에 젖어 망연자실해졌다.

여기서 나타난 인지 오류를 하나하나 분석해보면, '난 망했어, 퇴사해야 할지도 몰라'라는 생각은 아직 일어나지 않은 일에 대해 최악의 상황을 예측하는 재앙화에 해당한다. '난 항상 이런 식이야'에서는 한두 번 꾸중을 들은 일로 마치 매일 혼나는 것처럼 지나친 일반화를 하고 있다. '난 실패자야'라는

생각은 잘못된 명명으로 부정적인 표현을 써가며 스스로를 낙인찍고 있는 셈이다. 다소 과장하는 것 아닌가 싶겠지만 실제로 많은 사람들이 이런 인지 오류를 범한다. 이렇게 제3자 입장에서 객관적으로 보면, 보고서 하나로 승진 기회가 날아가고 해고를 당하는 일은 없으며, 이 일로 인생의 패배자가 되는 것도 아니라는 사실을 알 수 있다.

슬기로운 직장 생활을 위한 셀프 인지치료

인지 오류로 인한 자동적 사고를 교정하기 위해서는 '나는 왜 이런 생각을 하고 믿게 되는가'에 해당하는 '핵심 믿음'을 파악해야 한다. 핵심 믿음에 다다르려면 자동적 사고가 정확히 나에게 어떤 의미인지, 즉 왜 그렇게 생각하는지 되묻는 질문을 계속해야 한다. A 씨의 경우 이렇게 질문해볼 수 있다.

'난 실패자야.'

→ 나에게 실패자란 어떤 의미지?

'실패자란 아무것도 할 수 없는 사람이야.'

→ 왜 그렇게 생각해?

‘아무것도 하지 못하면 주변 사람들이 싫어할 거야.’

(……)

이런 식으로 계속 질문과 답을 반복하다 보면, 과거의 안 좋았던 기억으로 인해 A 씨에게 ‘나는 다른 사람들에게 인정받거나 사랑받지 못할 것’이라는 핵심 믿음이 형성되었다는 것을 알 수 있다. 그렇다면 A 씨의 과거에서 이 핵심 믿음을 반박하는 예시를 찾아보고, 새로운 핵심 믿음을 만들어보자. A 씨는 퇴근 후 같이 맥주 한잔할 친구들도 있으며, 애인도 있고, 여행도 자주 다니며 다양한 사람들과 어울리곤 했다. 이런 긍정적인 과거의 경험들을 떠올리며 ‘나는 다시 외로워질까 봐 두렵지만, 내 지인들은 나를 있는 모습 그대로 좋아하고 있다’라는 새로운 믿음을 형성하고, 처음으로 되돌아와 자동적 사고를 천천히 고쳐보는 것이다. 행동뿐만 아니라 우리의 생각도 습관처럼 나오기에 기존에 익숙한 부정적인 믿음으로 흘러가기 쉽다. 그럴 때에는 그 생각에 끌려다니지 말고 긍정적인 핵심 믿음을 새로이 만들어 반박해보면 많은 도움이 될 것이다.

1 잘 놀아야 월요병 극복!

셀프 인지치료도 필요하지만, 사실 가장 손쉽고 중요한 방법은 속상했던 일들을 충분히 털어놓는 것이다. 직장에서 스트레스 받는 상황이 생겼다면 친한 동료들이나 지인에게 속마음을 털어놓자. 정신건강의학과 전문의를 찾아가 면담 치료를 받거나 심리상담사에게 상담을 받을 때에도 이렇게 마음을 환기하는 것이 큰 치료 효과를 가져다준다. 그러니 이것이 동료끼리 서로 해줄 수 있는 최고의 치료법인 셈이다.

아니면 각자에게 맞는 스트레스 해소 방법을 찾아볼 수도 있다. 소위 '시발 비용'이라는 신조어도 있듯이 요즘은 소비로 스트레스를 풀기도 한다. 물론 과소비를 하면 안 되겠지만, 내 소비 패턴을 파악하고 주머니 사정 안에서 종종 친구들과 술을 마시거나 분위기 좋은 카페, 맛집을 찾아다니며 여행을 하는 것도 스트레스 해소에 큰 도움이 된다. 휴식만으로는 부족하다. 잘 노는 것이 월요병을 극복하는 매우 중요한 키다. 이런 해소법들은 직접적인 해결책을 제시해주지는 못하더라도, 속상하고 괴로운 감정을 집까지 가져가지 않도록 돕는 요소다. 만약 힘든 마음을 퇴근 후 가족이나 친구에게 화를 내며 풀어버린다면 당하는 사람들뿐만 아니라 그 모습을 보는

나 자신도 후회하는 마음 때문에 괴로울 것이다. 그렇게 되면 회사 밖 사람들과의 관계에도 안 좋은 영향을 미칠 수밖에 없다. 그리고 결국 자존감이 떨어져 헤어나올 수 없는 회의감과 상실감의 구렁텅이에 빠지는 악순환을 반복하게 된다. 그전에 예방할 수 있다면 예방하는 게 좋지 않을까? 공과 사를 구별해 직장에서의 나와 퇴근 후 나를 확실히 구분 지어보자. 대리 신분, 과장 신분의 내 역할은 '나인 투 식스'면 충분하다.

재활의학과 전문의
이의창

터덜터덜 걷는 당신, 무릎과 허리는 괜찮은가요?

A 씨는 집과 회사만 왔다 갔다 하니 통 걸을 일이 없어 모처럼 마음을 먹고 산책을 하러 나갔다. 공원을 한 바퀴 돌고 나니 건강을 챙긴 것 같아 뿌듯해진다. 하지만 기쁨도 잠시, 집으로 돌아가는 길에 다리는 무거워지고 무릎과 허리 통증이 점점 심해진다.

"평소에 운동량이 부족한 건 인정하지만 잠깐 걸었다고 무릎과 허리가 아프다니! 혹시 무슨 문제가 있는 걸까?"

잘못된 걸음걸이가 통증의 원인

우리는 매일 걷는다. 걷기는 일상적이고 자연스러운 행동이다. 따로 시간을 내서 운동하기 어려운 현대인들이 가장 손쉽게 할 수 있는 운동법이기도 하다. 그런데 이렇게 매일 하는 동작이지만 올바르게 걷는 방법을 곰곰이 생각해본 사람은 많지 않을 것이다. 걷기 운동은 당연히 건강에 좋지만, 잘못된 걸음걸이로 오래 걷게 되면 도리어 관절에 무리가 갈 수 있다. 따라서 무작정 걷기 전에 내 자세가 올바른지 아닌지 파악하는 것이 중요하다.

잘못된 걸음걸이에는 어떤 것들이 있을까? 가장 흔한 걸음걸이 중 하나가 팔자걸음이다. 팔자걸음은 발이 한자로 팔^자 모양을 그리며 걷는다고 하여 붙여진 이름으로, 걸을 때 발의 각도가 바깥쪽으로 15~20도 이상 벌어진 상태를 의미한다. 일반적으로 걸음걸이는 보행 방향 각도에 따라 팔자걸음, 안짱걸음, 정상으로 나뉜다.

한때는 '양반걸음'이라고 불렸던 팔자걸음은 각종 관절과 신체 부위에 무리를 준다. 팔자 모양으로 걸으면 발끝뿐만 아니라 고관절이 바깥으로 틀어지고, 허리를 뒤로 젖히고 걷게 된다. 팔자걸음을 교정하지 않으면, 근육의 과도한 긴장과 불

✷ 보행 방향 각도에 따른 걸음걸이 분류

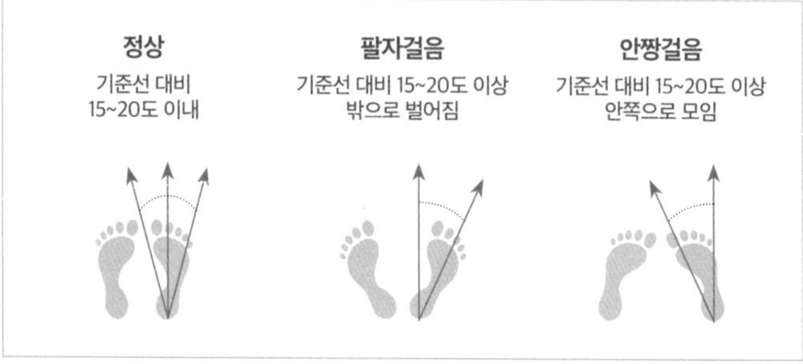

균형이 일어나 골반 불균형, 척추 질환과 허리 통증이 발생할 수 있다. 또한 체중이 계속 한쪽으로만 실리기 때문에 무릎, 발목, 고관절에 퇴행성 관절염이 생길 수도 있다. 보통 팔자걸음은 양반다리를 많이 하는 사람, 오자다리(내반슬)이거나 비만인 사람들에게 자주 나타난다.

그 외에 배를 앞으로 쭉 내민 상태로 걷는 전만 보행도 흔한 걸음걸이다. 전만 보행을 하면 무게중심이 뒤로 가기 때문에 척추에 무리가 가고 자세 불균형을 초래하여 팔자걸음에서 나타나는 것과 유사한 증상이 발생할 수 있다. 발을 땅에 디디는 방식도 통증의 원인이 된다. 발을 바닥에 질질 끌면서 걸으면 다리의 근육을 제대로 사용하지 못해 충분한 보폭으로 걷지 못하고, 다리가 금방 피로해지고 통증도 쉽게 생길 수 있다. 간혹 걸을 때 발을 툭툭 땅에 떨어뜨리듯이 걷는 사람들도 있는데, 이 경우 발바닥으로 큰 충격이 가해지고 체중이 분산되지 못하여 발과 발목에 통증을 유발할 수 있다. 그렇기 때문에 발뒤꿈치가 먼저 땅에 닿은 다음 발바닥, 엄지발가락 순으로 자연스럽게 걸어야 한다.

올바로 서고 올바로 걷기

이처럼 잘못된 걸음걸이는 다양한 증상 및 질환의 원인이 될 수 있다. 그렇다면 올바른 걷기 자세는 무엇일까? 걷는 법을 익히기 전에 먼저 올바로 선 자세가 무엇인지 확인해봐야 한다. 거울을 보고 옆으로 섰을 때 귀, 어깨, 골반, 무릎이 일직선상에 있는 것이 좋은 자세다. 머리가 앞으로 빠지지 않고 목이 꼿꼿이 서 있어야 하며, 등은 굽어 있거나 지나치게 뒤로 젖혀지지 않고, 무릎이 뒤로 빠지지 않아야 한다. 걸을 때에는 편하게 15~20도 정도 위쪽을 바라보며 걸어야 하며, 땅을 보고 걷거나 시선이 아래로 가는 것은 좋지 않다. 턱은 가볍게 당긴 채 허리를 바로 세우고, 배에 살짝 힘을 준 상태로 팔은 가볍게 흔드는 것이 자연스럽고 올바른 걷기 자세다.

걸음걸이가 바르지 않으면 걷는 동안 몸에 피로가 빨리 누적되고 관절이나 근육에 무리를 주어 통증을 유발할 수 있으니, 항상 걸음걸이에 신경을 쓰자. 우선 자신의 보행 패턴에 어떤 문제가 있는지 정확히 파악하고, 이를 교정하려는 노력이 필요하다. 해부학적 구조상 결함이 있는 게 아니라면 걸음걸이는 대부분 습관의 문제다. 다행히 습관은 노력하면 고칠 수 있다. 걸을 때 자꾸 스스로 의식하면서 걸으면 교정이 가능한 경우가 많다. 누군가 계속 옆에서 코칭을 해주며 피드백을 주는 것도 도움이 될 수 있다. 만약 지속적인 교정 노력에도 걸음걸이가 잘 고쳐지지 않을 때에는 병원을 방문하여 영상 촬영 및 보행 패턴 분석을 통해 근골격계나 신경계에 문제가 있는지 알아보는 것도 좋다.

내과 전문의
이웅현

아저씨, 침 다 튀게 기침을 하면 어떡해요

"에취, 에취!"

사람들이 다닥다닥 붙어 있는 지하철 안, 한 아저씨가 턱에 마스크를 걸친 채 기침을 한다. 순간 모든 사람들의 시선이 아저씨에게 향한다. 아저씨는 멋쩍은 듯 마스크를 올려 쓰지만 주변 사람들은 찝찝함을 감출 수가 없다.

출근 시간에 대중교통을 이용해본 사람들이라면 '지옥철' 이라는 말을 공감할 것이다. 차를 놓치면 지각이니 사람들은 자기 몸을 구겨서라도 올라타려고 애를 쓴다. 그런데 어찌어찌 차를 놓치지 않고 탑승한다 해도 마음 한구석이 찝찝하고 불편하다. 바로 코로나19 바이러스 때문이다. 코로나는 사람들의 생활을 완전히 바꿔놓았다. 대면으로 하던 활동들이 비대면으로 전환되고 사람들 간 접촉이 현저하게 줄었다. 그런데 다중 이용 시설은 어떻게든 피한다고 해도, 대중교통은 많은 사람들이 매일 이용할 수밖에 없는 공간이다.

사실 버스나 지하철에서는 확진자와 밀접 접촉을 하기 아주 쉽다. 확진자와 밀접 접촉을 한 경우에는 무증상자라도 검사를 받아야 하는데, 우리나라에서는 1~2m 이내의 공간에 있었던 사람들을 밀접 접촉자로 분류한다. 공기 순환이 잘 되지 않는 폐쇄된 공간인 데다가 에어컨이나 히터로 인해 바이러스가 쉽게 이동할 수 있어 대중교통에서 코로나19 확진자가 기침이나 재채기를 한다면 바이러스가 공기의 흐름을 타고 내게 올 수 있다는 것은 자명하다. 공기 중에 떠도는 바이러스를 막기 위해서는 어떻게 해야 할까?

1 코로나 바이러스의 정체

코로나 바이러스란 코로나 바이러스과의 RNA 바이러스의 일종으로 사람과 동물의 호흡기와 소화기계에 감염을 일으키는 감기 바이러스의 한 종류다. 현재 전 세계를 뒤흔들고 있는 코로나 바이러스 감염증-19는 신종(변종) 코로나 바이러스인 SARS-CoV-2에 의한 호흡기 증후군이다. 첫 사례는 2019년 12월에 발생했고, 이후 전 세계로 퍼졌다. 코로나 바이러스는 단순한 발열 및 기침 증세부터 심한 폐렴 증상까지 다양한 형태로 나타나는데, 나이가 많을수록 합병증으로 인해 치명적일 수 있다. 기존 코로나 바이러스와의 차이로는 훨씬 강력한 전염성과 빠르게 증상이 악화된다는 점을 들 수 있다. 현재는 대증적인 치료가 주로 이루어지고 있지만 항체 치료제와 같은 신약들이 속속들이 개발되고 있다.

1 마스크, 나와 타인을 보호하는 가장 좋은 방법

대중교통에서 기침을 하거나 재채기를 하다가 괜히 사람들의 시선을 의식하게 되었던 경험이 있을 것이다. 폐에 이물질이 들어가거나 바이러스, 세균, 결핵균으로 기도가 오염되었을 때 우리 몸은 이물질을 제거하기 위해 기침을 한다. 단순한 기침이 아닌 바이러스나 세균으로 인한 기침이라면 분비물과 함께 바이러스와 세균이 비말(침방울)의 형태로 퍼진다. 그런데 놀랍게도 이러한 분비물은 5~8m까지 날아갈 수 있다. 좁은 공간에서 기침을 하면 모든 사람들에게 비말이 퍼질 수 있는 것이다. 혹여나 마스크를 제대로 쓰지 않은 사람이 코로나 바이러스에 걸렸을 경우 같은 공간 안에 있던 모든 사람들이 밀접 접촉자가 될 수 있다. 손으로 입을 막고 기침을 해도 비말은 3m 정도를 날아간다. 대신 옷소매나 손바닥으로 입을 가리면 비말이 거의 날리지 않으니, 마스크로 코와 입을 완전히 가린다면 바이러스와 세균은 거의 퍼지지 않는다고 볼 수 있다.

이런 미세한 침방울은 10분 이상 공중에 떠 있을 수 있어 각별한 주의가 필요하다. 한 연구 결과에 의하면 환자가 머물던 방 안 공기에 바이러스가 최대 2시간까지 살아 있어, 환자와 직접 만나지 않고도 감염될 가능성이 있다고 한다. 비말보다는 주로 접촉으로 전파되는 일반 감기나 인플루엔자 바이러스와 다르게, 코로나 바이러스는 접촉으로 인한 감염보다는 기본적으로 비말 감염이 많다. 침이 다른 곳에 튀거나 침이 묻은 손으로 다른 물건을 만졌을 때 그 부분에 바이러스가 생존해 있다가, 그 부분을 만진 사람이 다시 얼굴을 만지면 바이러스가 호흡기나 각막으로 들어와 전염되는 방식이 흔하다. 그래서 마스크를 쓰는 것은 나를 보호하기 위함도 맞지만, 다른 사람이 감염되지 않도록 막기 위한 행동이다.

예전에는 상상도 하지 못했지만 이제는 마스크 착용, 손 소독제 사용, 손 씻기 등 바이러스 예방을 위한 행동이 자연스러워졌다. 그런데 가끔 마스크를 쓰고는 있지만, 코를 내놓고 있거나 턱에 걸치는 식으로 대충 착용하는 사람들도 보인다. 특히 답답하고 폐쇄된 공간에서 마스크를 벗지 못해 이렇게 착용하는 이들이 있는데, 이것은 정확한 착용법이 아니다. 일명 '턱스크'를 하면 코로 비말이 들어가기 때문에 바이러스 감염을 막아주지 못한다. 마스크 겉면을 손으로 만지지 않는 것도 중요하다. 마스크가 비말을 막아주더라도 손으로 바이러스가 묻은 물건을 만진 후 다시 자신의 호흡기를 만지면 감염될 수 있다. 마스크를 착용할 때는 반드시 입과 코를 가리고 얼굴에 밀착해서 사용해야 한다. 나를 지키고 남을 지켜야 모두 함께 건강한 사회가 되는 코로나 시대, 마스크를 정확한 방법으로 착용하고, 아프면 충분히 격리하고 검사를 받아 감염 예방을 위해 노력해야 할 것이다.

+++ 직장인 건강 고민, 의사에게 물어보세요 +++

Q 기침을 하거나 콧물이 나면 코로나에 걸린 건 아닌지 무서워요. 코로나의 증상은 일반 감기, 독감과 어떤 차이가 있나요?

A 기침과 콧물이 코로나의 증상 중에 하나이긴 하지만, 이 증상만으로 모두 코로나에 걸렸다고는 할 수 없어요. 기존에 비염이나 알레르기 질환이 있다면 코로나 증상이 아닐 가능성이 더 높습니다. 하지만 100% 확신할 수는 없으니 유사한 증상이 나타나면 검사를 해보는 것이 현명합니다. 독감과 코로나 증상을 구분하기란 매우 어렵기 때문입니다.

Q 대중교통은 많은 사람들과 가깝게 붙어 있는 곳인데 왜 다른 곳보다 더 감염자가 적게 나오는 걸까요?

A 대중교통은 역학 조사가 이루어지기 어려운 공간이기도 하지만, 대부분의 사람들이 마스크를 착용하고 있고, 대화를 나누지 않으며 사람들의 움직임이 제한적이에요. 이러한 이유로 감염의 위험이 적어서 감염자가 덜 나오는 것이라고 추측해볼 수 있습니다.

Q 코로나 변이 바이러스는 왜 생기는 건가요? 변이 바이러스에 백신이 효과가 있을까요?

A 코로나 바이러스는 RNA 바이러스의 일종인데 RNA는 상대적으로 불안정하여, 바이러스의 복제 과정에서 염기서열의 변이가 쉽게 일어날 수 있습니다. 그리고 변이가 쉽게 일어나는 바이러스는 쉽게 백신을 무력화할 수도 있습니다. 하지만 현재로서 코로나19를 확실히 억제할 수 있는 수단은 백신 이외에 없습니다. 효과는 백신의 종류마다 다르지만 가장 효과가 좋은 백신의 경우 90% 이상의 예방 효과가 있기 때

문에, 고령자이면서 기저 질환이 있는 사람이라면 백신을 접종하는 것이 가장 좋은 예방이자 치료입니다.

정형외과 전문의
이시영

디자이너, 개발자, 손목 아픈 사람들 여기 보세요!

지옥철을 뚫고 겨우 도착한 사무실. 컴퓨터를 켜고 자리에 앉았는데, 마우스를 쥔 순간 손목에 통증이 느껴진다. 어젯밤 내내 같은 자세로 핸드폰을 쥐고 있어서인지, 아침이라 몸이 굳어서인지 모르겠지만 통증이 지속될 것 같은 불길한 예감이 든다. 그렇다고 키보드나 마우스, 핸드폰을 안 쓸 수도 없는 노릇이다. 이럴 땐 더 아프기 전에 병원에 가야 하는 건지, 그냥 쉬면 낫는 건지 고민이 된다.

언택트 사회를 살아가는 우리는 이전보다 더 많은 시간을 컴퓨터와 스마트폰 같은 전자기기와 함께한다. 덕분에 우리의 손목은 쉴 겨를이 없다. 직장에서는 하루 종일 키보드와 마우스를 사용하고, 퇴근 후에도 잠이 들 때까지 핸드폰으로 SNS, 넷플릭스, 인터넷 서핑을 즐긴다. 이 정도면 전자기기와 한 몸이라고 해도 과언이 아니다. 당연히 기술의 발달로 편리해진 부분이 많지만 몸으로 노동하던 시절과는 또 다른 질환이 유행하게 됐다. 그 부작용 중 하나가 손목 통증이다. 한 연구 통계에 의하면 약 30~45%의 직장인들이 손목 통증을 겪고 있다고 한다. 그리고 그중 여성들의 비율이 더 높은 것으로 드러났다.

그런데 이렇게 많은 이들이 겪고 있는 손목 통증, 그냥 지나쳐도 되는 걸까? 손목 통증을 일으키는 대표적인 질환은 다음과 같다. 가장 흔하게 생기는 손목 터널 증후군은 2~5% 정도의 발생률을 보인다. 그 외에 손목 건초염이 1% 내외의 발생률로 많이 나타난다. 지금부터 최대한 쉽게 풀어서 손목 통증에 관해 설명할 것이다. 원리를 이해하면 통증을 어떻게 해결해야 할지 한결 쉽게 판단할 수 있을 것이다.

1 나도 손목 터널 증후군일까?

아마 직장인이라면 한 번쯤 손목 터널 증후군에 대해서 들어봤을 것이다. 그만큼 이 질환은 매우 빈번하게 발생하는 압박 신경병증이다. 타이핑을 많이 하거나 마우스를 오랫동안 쥐고 작업을 하는 직업군에서 주로 발생한다. 특히 여성이 남성보다 2~3배 더 많이 걸리며, 임신 시에도 유병률이 증가한다. 주된 증상은 손목 통증과 함께 엄지부터 중지까지 손가락 부위가 저리고 감각이 무뎌지는 것이다. 심하면 힘이 빠지거나 근육이 위축되는 증상도 동반된다. 그런데 손목 터널 증후군은 왜 생기는 것일까? 손목에는 '수근관'이라는 터널 같은 공간이 있는데, 손목을 과도하게 사용하면 수근관에 있는 인대에 염증이 생겨 이곳을 지나가는 정중신경을 압박하게 된다.

손목 터널 증후군이 의심된다면 병원에서 시행하는 손목 압박 검사법으로 자가 진단을 해보자. 오른쪽 그림에 표시된 것처럼 정중신경이 지나가는 손목 부위를 반대 엄지손가락이나 다른 사람이 양 엄지로 30초 이상 꾹 눌렀을 때 통증이나 저림 증세가 있다면 손목 터널 증후군을 의심해볼 수 있다. 이때는 정밀 검사를 받아보길 권한다. 병원에서는 초음파, 신경전도 검사 등 여러 방법으로 정확히 진단을 내릴 수 있다.

증상이 가볍고 근육 위축이 없을 때는 휴식을 취해주거나 소염 진통제 같은 약물로도 치료가 가능하다. 또한 주기적으로 휴식 시간을 가지면서 손목을 쉬게 해주고 스트레칭을 하는 것이 치료 및 예방에 도움이 된다. 키보드나 마우스 사용 시에 손목 패드를 사용하면 손목이 꺾이지 않아 손목 터널 내의 압력이 감소하여 증상을 줄일 수 있다. 이 정도에서 해결되지 않는다면 병원에서 손목을 부목으로 고정을 하거나 주사 치료를 해서 염증을 좀 더 빨리 가라앉힐 수도 있다. 하지만 그럼에도 치료가 잘 되지 않거나 10개월 이상 병이 지속되고 근육 위축이 있을 때는 수술적 치료를 고려한다. 수술 시 좁아진 손목 터널을 넓히기 위해 손목 터널의 지붕 역할을 하는 인대를 잘라 열어주는데, 이때 눌려 있던 정중신경이 풀려 증상이 호전된다. 다행히도 이 수술은 정형외과 수술 중에서도 10~15분이면 끝나는 아주 간단한 치료이며, 전신마취를 하지 않아도 된다는 점에서 환자에게 부담이 덜한 방법이다.

✳ 손목 터널 증후군 자가 진단법

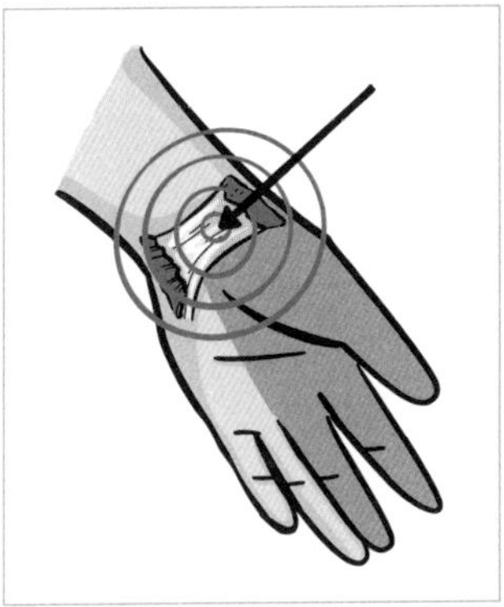

1 손목을 꺾었을 때 아프다면, 손목 건초염

흔히들 손목 건초염이라고 부르는 이 질환은 처음 이 병을 발견한 스위스 의사의 이름을 따서 '드퀘르벵 건초염'이라고도 한다. 건초염은 엄지손가락 쪽으로 가는 힘줄과 그 힘줄을 감싸는 힘줄막 부위를 과도하게 사용하거나 무리한 동작을 하면서 염증이 발생해 손목과 엄지에 시큰시큰한 통증이 생기는 병이다. 근력이 약한 사람들이 힘줄에 무리가 발생하기 쉽기 때문에 여성 환자가 더 많은 편이다. 손목을 많이 쓰는 일을 하거나 주부, 아기를 돌보는 사람이 자주 건초염에 걸린다. 간단히 시행해볼 수 있는 자가 진단법이 있다. 엄지손가락을 감싸 쥔 후 손목을 아래로 꺾었을 때 엄지손가락과 손목 사이에 통증이 발생한다면 이 질환을 의심해볼 수 있다.

건초염에 걸렸을 때는 엄지와 손목의 움직임을 제한하는 보조기를 사용하면 효과적이다. 추가적으로 약물이나 주사 치료를 하기도 한다. 치료의 핵심은 무리를 주는 손목 동작을 반복하지 않도록 제한하는 것이다. 무거운 물건을 들 때에도 손목을 쓰기보다는 팔 전체로 들도록 한다. 이러한 보존적 치료를 해도 낫지 않거나 통증이 6개월 이상 지속된다면 염증으로 좁아진 힘줄집을 제거하는 수술적 치료도 한다. 이 수술은 손

✶ 드퀘르벵 건초염의 자가 진단법

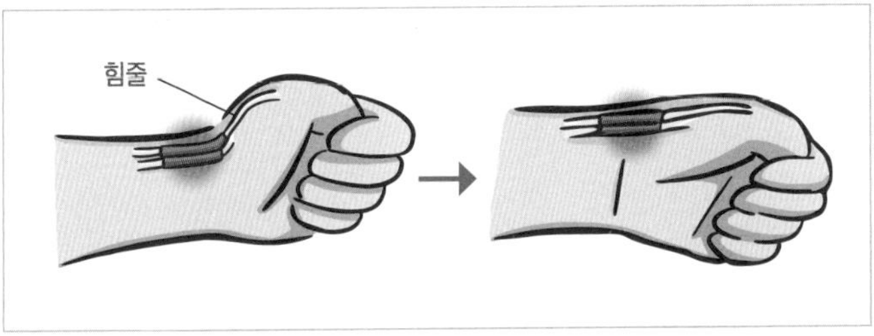

목 터널 증후군 치료처럼 당일 퇴원이 가능한 비교적 간단한 수술이다.

1 또 다른 근육에 생기는 건초염

통상적으로 손목 건초염이라 불리는 드퀘르벵 건초염은 엄지손가락 쪽의 건초(힘줄을 싸고 있는 막)에 문제가 생기는 병이다. 이외에도 손목을 구성하는 다른 건초, 즉 손목을 위로 꺾을 때 쓰는 근육(척수근신건) 혹은 구부릴 때 쓰는 근육(척수근굴건)의 건초에 염증이 생길 수도 있다. 손목을 과도하게 사용하거나 무리가 가해지면서 이 부위에 염증이 생긴 경우를 척수근신건의 건초염과 척수근굴건의 건초염이라고 한다. 그러나 이 질환들은 단순히 과사용만으로 발생하진 않기에 손목뼈의 해부학적 변이나 석회화 등 다양한 원인을 고려해 감별해야 한다. 또한 해당 힘줄에 통증이 있더라도 손목 연골 질환 같은 다른 질환이 있을 가능성도 함께 살펴봐야 해서 자가 진단법으로 판단하기는 어렵다. 따라서 손목을 구부리거나 펼 때 통증이 발생한다면 병원을 방문하여 진단을 받는 것이 중요하다. 이 질환도 손목의 움직임을 제한하는 보조기나 소염진통제로 대부분 치료가 가능하다.

지금까지 손목 통증을 일으키는 대표적인 질환들을 살펴보았다. 사실 손목 통증의 원인은 너무나 다양해서 정형외과 의사도 진료 시 여러 측면을 고려하여 진단을 내린다. 그러니 자가 진단법을 적용해보더라도 전문의에게 진료를 받지 않고 혼자 판단하기에는 제한점이 있다는 것을 분명히 밝히고 싶다. 하지만 바쁜 일정으로 당장 진료를 받지 못하는 분들에게는 도움이 될 것이라 생각한다. 더 이상 바쁘다는 핑계로 손목을 방치하지 말고 관리하자.

AM
PM 10:05

직장인의 오전

일, 사람, 환경으로부터
나를 지키는 법

내과 전문의
이응현

커피를 마셔야 정신을 차리죠

"커피 없으면 일 못해요."

어젯밤 핸드폰을 보다가 늦게 잠들었더니 출근하고 모니터를 본 지 얼마 지나지 않았는데 벌써 하품이 나온다. 처리해야 할 일은 산더미 같은데 몸은 둔하고 피곤이 몰려와 제대로 일을 하기 힘들다. 이럴 때 간절히 생각나는 게 바로 커피다. 커피를 한 잔 마시니 몸에 카페인이 돌면서 그제야 정신이 맑아지는 것 같다.

이렇듯 직장인들에게 커피는 단순한 음료 그 이상이다. 커피의 맛을 좋아해서 즐겨 마시는 사람들도 있지만, 다수의 직장인들이 피곤을 물리치기 위해 커피를 마신다. 그런데 커피를 마시면 잠이 깬다는 사실은 다들 알고 있지만, 그 원리가 무엇인지, 건강에 어떤 영향을 미치는지는 정확히 모르는 이들이 많다. 어떤 이들은 커피를 마시는 게 몸에 좋다고 하고, 어떤 이들은 몸에 좋지 않다고 하는데 뭐가 맞는 말일까?

커피는 건강에 좋다 vs 나쁘다

커피에는 단백질, 탄수화물, 지방부터 폴리페놀과 같은 유기산, 카페인 등 여러 가지 성분이 들어 있어 풍부한 맛이 난다. 여기서 주목해볼 주요 성분은 카페인과 폴리페놀이다. 알칼로이드계 물질인 카페인은 수면을 돕는 아데노신 수용체의 작용을 막아 뇌가 계속 깨어 있게 만든다. 한마디로 카페인은 중추신경에 작용하는 '자극제'다. 이 자극제 때문에 우리는 커피를 마시면 얼마 지나지 않아 심장이 두근거리고 잠이 깨는 느낌을 받는다. 커피에 들어 있는 카페인의 흡수 속도는 매우 빨라서 커피를 마신 후 45분만 지나도 대부분의 카페인이 몸에 흡수된다. 흡수된 카페인은 혈관을 통해 몸 이곳저곳을 떠돌아다니며 신경, 심장, 호흡기 등 다양한 조직에 자극을 준다. 이뇨 작용을 일으켜 몸속 수분을 배출시키거나 장의 움직임을 활발하게 하고, 스트레스 호르몬 분비를 증가시키는 것이 그 예다. 작은 커피 한 잔에 우리 몸은 이렇게 많은 반응을 보인다.

그렇다면 커피는 우리 몸에 안 좋은 영향을 끼치는 걸까? 사실 커피는 건강에 좋은 점과 나쁜 점 둘 다 가지고 있다. 적절한 양을 마시면 뇌혈관과 심장의 혈액순환을 원활하게 하는 데 도움을 준다. 이러한 기능 때문에 커피가 두통을 줄이고 심장 질환 발생률을 1/4가량 낮춰준다고 알려져 있다. 커피가 일부 암의 발생률을 낮춰준다는 결과도 나왔다. 이 연구에서 밝힌 바에 의하면 놀랍게도 하루에 커피 두 잔을 마신 사람들은 간암 발생률이 절반이나 줄었다고 한다(이것은 커피 때문이 아니라 커피 안에 들어 있는 폴리페놀의 효과라고 보는 것이 더 옳다). 그 외에도 커피는 기분을 전환시켜 우울증을 예방해주

고, 운동 후 몸의 회복을 돕는 역할을 한다. 알츠하이머병이나 파킨슨병의 위험성을 줄이는 효과도 있다.

하지만 커피가 무조건 건강에 좋다고 할 수는 없다. 졸리고 피곤한 날이면 무심코 커피를 적정량 이상 마시는데, 이럴 때는 가슴 두근거림이 심해지고 불면증을 겪을 수 있다. 성장기 아이들이 커피를 많이 마시면 잠을 제때 못 자서 신체 발육에 문제가 생기기도 한다. 입 냄새와 치아 착색을 유발하는 것도 커피의 또 다른 단점이다. 커피 안에 있는 탄닌이라는 성분이 치아 착색을 일으킬 수 있으므로 유의해야 한다.

이처럼 커피는 장점과 단점이 공존하는 음료이며, 과다하게 섭취하는 것은 좋지 않다. 카페인에 민감한 사람들은 커피를 마실 때 주의가 필요하다. 평소에 자신의 몸에 관심을 가지고, 카페인에 민감하게 반응하는 편이라면 커피나 음료에 든 카페인의 양을 확인하는 습관을 들이자.

카페인, 똑똑하게 이용하는 방법

카페인을 섭취하는 방법은 다양하다. 커피 외에도 에너지 드링크, 카페인이 든 우유, 정제 카페인 등 여러 종류의 카페인

제품이 존재한다. 카페인은 적절한 양을 잘 사용하면 유용하지만, 과량 섭취 시 두통, 두근거림, 불면, 조증 같은 부작용이 나타날 수 있고, 치사량을 섭취하면 사망에 이를 수도 있다. 때문에 적절한 양을 섭취하는 것이 중요하다.

커피를 너무 자주 마실 경우에는 카페인 중독을 의심해봐야 한다. 보통 카페인이 신체에서 작용하는 시간은 5시간 미만이다. 따라서 지속적인 각성 효과를 내려면 계속 커피를 마셔야 한다. 이 과정에서 카페인에 점차 의존하게 되고 나중에는 중독으로 발전할 수 있다. 카페인 중독의 증상은 두통, 심장 떨림, 구역감, 짜증과 불안, 우울감이 있다. 이러한 증상이 있을 때는 커피 섭취를 멈추길 권한다.

한편, 카페인은 잘 사용하면 다이어트에도 도움이 된다. 많은 사람들이 커피가 지방을 분해한다는 말을 믿고 있지만, 체중 감량에 도움을 주는 것은 커피가 아니라 카페인이다. 카페인은 몸의 신진대사를 활발하게 만들어 에너지 소비를 촉진시킨다. 같은 칼로리를 섭취해도 카페인이 더 빨리 칼로리를 태우는 촉진제 역할을 해주기 때문에 커피를 마시는 것이 다이어트에 효과가 있다고 할 수 있다. 참고로 커피의 각성 효과를 최대로 끌어올리고 싶다면, 커피를 물에 오래 내리는 것이 좋다. 에스프레소는 물과 순간적으로 접촉하는 방식으로 내리기 때문에, 오랜 시간 내린 드립 커피가 맛은 연하더라도 오히려 카페인 함유량이 더 높다.

하지만 이것은 커피만 마셨을 때 해당되는 것이지, 커피에 설탕이나 우유, 시럽, 크림 같은 첨가물을 더하면 배보다 배꼽이 더 커지는 격이니 주의가 필요하다. 또한 커피로 인해 불면증을 겪거나 수면 리듬이 불안정해지면 식욕이 커지고 식습관이 변하면서 다이어트에 악영향을 줄 수도 있다. 따라서 커피 자체로 다이어트를 하기보다는 규칙적인 시간에 적정량의 음식을 먹는 식이요법과 꾸준한 운동을 실천하는 것을 추천한다.

현대 사회에서 기름 다음으로 많이 사용되는 원료가 커피 원두라고 한다. 그만큼 현대인들에게 커피는 일의 효율을 내기 위해서든 단순히 맛을 즐기기 위해서든 없어서는 안 될 존재다. 매일매일 내 몸에 들어가는 음료인 커피, 제대로 알고 마시는 것과 모르고 마시는 것은 큰 차이가 있다. 옷을 고를 때 내게 맞는 옷을 입어보고 고르듯이, 커피도 우리 몸에 맞는지 잘 알아보고 내게 맞는 방식으로 즐기고 활용하자.

내과 전문의
이응현

나는 오늘도 화장실로 출근한다

"또 배가 살살 아프네."

A 씨는 오전에 있을 미팅에서 프레젠테이션을 맡았다. 준비는 완벽하게 했지만 발표를 하기 전에 긴장을 했는지 심한 복통이 찾아왔다. 결국 미팅 시간을 얼마 남겨두지 않고 급하게 화장실로 달려가야 했다. A 씨는 지금까지 스트레스를 받거나 긴장을 하면 배가 심하게 아팠다. 학생 때는 시험을 치기 직전이나 성적표를 받을 때 배가 자주 아팠고, 수능을 치를 때

는 그 정도가 더 심했다. 대학생 시절에도 팀 발표가 있을 때는 여지없이 배가 아파 발표 직전 화장실을 가야 했다. 처음에는 스트레스 때문에 복통이 생겼는데, 나중에는 증상이 언제 발생할지 모른다는 불안감과 스트레스로 복통이 더욱 심해지는 악순환에 빠졌다.

A 씨는 매일 겪는 복통과 설사, 변비 증상을 해결해보고자 병원에서 피검사, 대변 검사, 대장 내시경 검사까지 받았지만 특별한 원인을 찾을 수가 없었다. 처방받은 약을 복용해보아도 나아지지 않았다. 답답했던 A 씨는 다른 병원을 찾았고, 그곳에서 의외의 진단을 받았다.

"과민성 대장 증후군이 의심되네요."

오랫동안 A 씨를 괴롭혔던 복통의 원인은 '과민성 대장 증후군'이었다. 자극성 대장 증후군이라고도 불리는 이 병은 우리나라에서 100명 중 2~4명이 앓고 있을 만큼 흔한 질병이다. 남성보다 여성들에게 2배 정도 많이 나타나며, 20~40대에서 주로 발생한다. 과민성 대장 증후군은 특별한 원인이 없이 몸에 여러 증상이 나타나는 증후군의 일종이다. 건강에 크게 문제가 되는 병은 아니지만, 일상 생활에 큰 불편을 주며 삶의 질을 떨어뜨린다. 도대체 이 '장 트러블'의 원인은 무엇이고 어떻게 해결할 수 있을까?

저도 과민성 대장 증후군인가요?

과민성 대장 증후군의 가장 주된 증상은 복통이다. 복통과 더불어 복부 불쾌감, 불규칙한 배변 습관, 복부 팽만감, 잦은 방귀, 설사, 변비 등 다양한 증상들이 동반된다. 과민성 대장 증후군은 크게 복통형, 변비형, 설사형, 그리고 설사와 변비 증상이 번갈아 나타나는 복합형으로 구분된다.

과민성 대장 증후군의 원인은 현재까지 명확히 밝혀진 것이 없다. 다만 과민성 대장 증후군을 앓고 있는 사람들은 다른 사람들보다 복부 팽창에 매우 민감하게 반응한다고 알려져 있다. 최근 미국에서 발표된 한 논문에서는 세균 감염으로 대장의 신경세포가 파괴되어 제 기능을 못할 때 과민성 대장 증후군이 발생한다고 설명했다. 즉, 스트레스나 심리적 요인 및 복합적인 문제가 대장의 신경세포를 파괴시켜서 생기는 질환인 것이다.

배가 자주 아프다고 무조건 과민성 대장 증후군이라고 판단하지는 않는다. 관련 증상이 6개월 이상 지속되었고, 최근 3개월 동안 다음 조건에 해당하는 사람이라면 과민성 대장 증후군으로 진단을 내린다.

- 복통과 복부 불쾌감이 있다.
- 위 증상의 다른 원인이 확인되지 않는다.
- 다음 항목 중 두 가지 이상에 해당한다.

  ① 배변에 따른 증상의 경감

  ② 배변 횟수의 변화

  ③ 설사나 변비와 같은 대변 성상(딱딱한 정도)의 변화

보통 진단을 내릴 때는 증상을 일으킨 다른 원인들이 있는지 확인하기 위해 피검사, 대변 검사, 대장 내시경을 함께 시행한다. 50세 이상 환자가 지금껏 이러한 증상이 없다가 갑자기 생겼다면 과민성 대장 증후군보다는 다른 병을 의심해봐야 한다. 50세가 넘어가면 대장암이 발생할 위험이 높아지기 때문이다. 젊은 사람들도 마찬가지로 장 염증성 질환인데 과민성 대장 증후군으로 오인할 수도 있으니 이러한 증상들이 있을 때 대장 내시경을 꼭 해봐야 한다.

생활 습관부터 심리 치료까지, 다양한 해결법

과민성 대장 증후군 치료의 핵심은 스트레스를 해소하고 심

리적 불안을 낮추는 것이다. 먼저 환자 스스로 이 병이 건강을 크게 위협하는 병이 아님을 인지해야 한다. 또한 스트레스를 아예 받지 않기는 힘드니 이를 적절히 해소할 방법을 찾아야 한다. 각자에게 맞는 운동을 하는 것도 한 방법이다. 걷기와 가볍게 뛰는 조깅은 장 운동을 활발히 해주기 때문에 과민성 대장 증후군에 좋다. 식습관을 조절하는 것도 굉장히 중요하다. 본인의 장에 맞지 않는 음식은 피하고, 지방이 많은 삼겹살이나, 카페인, 술, 감미료, 탄산 음료를 피해야 한다. 섬유질이 가득한 채소나 과일은 장 운동을 활발히 해주니 잘 섭취하도록 하자. 열무, 무, 배추, 토마토, 오렌지, 딸기와 같은 과채가 도움이 될 수 있다. 유제품은 되도록 저지방 제품을 먹는 것이 좋으며, 고기를 먹을 때는 꼭 채소를 함께 먹도록 하자.

생활 습관을 교정해도 과민성 대장 증후군이 완화되지 않는다면 약을 처방한다. '세로토닌 재흡수 억제제SSRI' 계통의 약물은 장의 신경 세포에 작용하여 장 운동의 민감도를 낮추어줄 뿐 아니라 기분을 편안하게 해준다. 또 다른 약물로는 프로바이오틱스 유산균, 진경제, 설사약이나 변비약을 처방할 수 있다.

생활 습관과 약물 치료로도 개선이 되지 않을 때는 정신과적인 치료를 병행해볼 수 있다. 심리적인 요인을 크게 신경 쓰지 않는 환자들이 많은데, 자신이 어떨 때에 장 증후군이 생기는지 기록해보고 증상과 스트레스 간 연관성을 파악하면 같은 문제 상황에서도 좀 더 유연하게 대처하게 된다. 숨어 있는 심리적인 문제로 제대로 된 치료가 어려울 때는 전문적인 심리 치료를 받아야 한다. 심리 치료에는 정신역동적 치료, 인지행동치료, 최면치료, 대인관계 정신치료가 있으며, 이런 치료법들이 일부 장 증후군 환자들에게 효과가 있는 것으로 나타났다. 오랫동안 장 문제로 고생했다면 더 이상 고민하지 말고 병원을 찾아 적절한 치료를 받자. 내 몸에 관심을 가지고 원인과 해결책을 찾아갈 때 삶의 질이 더욱 높아질 것이다.

+++ 직장인 건강 고민, 의사에게 물어보세요 +++

Q 사무실에 계속 앉아 있으니 자꾸 가스가 차요. 가스가 차는 이유와 해결책이 궁금해요.

A 사람의 장은 스스로 움직여 가스와 대변을 이동시키지만, 병이 있는 게 아니라면 몸의 움직임이 없으면 장의 움직임도 자연적으로 떨어집니다. 자주 스트레칭을 해주고 몸을 틈틈이 움직여주세요. 또한 평소에 변비가 있다면 증상이 더 심해질 수 있으니 충분한 야채와 식이섬유를 섭취해주세요.

Q 하루 한 번 이상 화장실을 못 가면 변비인가요?

A 대변 활동의 횟수는 사람마다 하루 세 번에서 일주일에 세 번까지 다양해요. 변비란 배변 횟수가 적거나, 딱딱한 소량의 변을 보는 경우, 잔변감이 있거나, 배변 시 과도하게 힘을 주어야만 하는 상태를 말합니다. 이런 현상이 전체 배변 중 1/4 이상이거나 3개월 이상 지속되는 경우를 의학적으로 변비라고 정의해요. 그러니 하루 한 번 이상 화장실을 가지 못한다고 변비라고 할 수는 없습니다. 하지만 3개월 이상 이런 문제가 지속된다면 병원에 가서 검사를 받아보는 것이 좋습니다.

피부과 전문의
김태한

정말 형광등 불빛에도 피부가 타나요?

A 씨는 자외선이 피부 노화를 일으키는 주범이라는 기사를 보고, 아침마다 자외선 차단제를 꼭 챙겨 바른다. 어떨 때는 하루 종일 사무실에서 시간을 보내는데 굳이 차단제를 발라야 하나 의문이 들지만 그래도 형광등 불빛에도 피부가 탄다는 얘기를 들은 것 같아 꼼꼼히 바르고 출근길에 나선다. 그런데 정말 형광등 불빛에도 피부가 탈까? 직장인들을 위한 올바른 자외선 차단법을 알아보자.

실내에서 선크림 발라야 할까?

사실 형광등에서는 피부에 영향을 끼칠 만큼 유의미한 자외선이 나오지 않는다. 게다가 몇 년 전부터 형광등의 시대는 저물고 LED를 많이 사용하는 추세인데, LED는 자외선이 없다고 봐도 무방하다. 즉, 조명에서 나오는 자외선은 신경 쓰지 않아도 되는 수준이다. 그럼 우리가 사무실에 있을 때는 자외선 차단이 필요 없는 걸까? 정답은 사무실 환경마다 다르다. 자외선 차단 유리가 있는 사무실에서는 굳이 자외선 차단제를 바르지 않아도 된다. 자외선 차단 유리는 보통 99% 이상 자외선을 차단해주므로 웬만한 선크림보다 훨씬 강력하다. 하지만 일반 유리는 자외선을 80% 정도만 걸러주므로, 이러한 환경에서 일한다면 자외선 차단제를 발라야 한다. 창가 자리라면 더더욱 꼼꼼하게 바를 필요가 있다.

일반 사무직 직장인들에게 실외에서 해를 보며 활동하는 시간은 출퇴근 시간이나 점심시간 정도밖에 없다. 햇빛이 비치는 야외에 있는 시간은 1시간도 채 안 되지만, 사무실에서는 적어도 8시간 이상을 머무른다. 그렇기 때문에 하루 종일 일하는 사무실의 환경이 어떠한지 제대로 알고 올바르게 자외선을 차단하는 것이 중요하다. 일하는 곳이 실내라고 방심하고 있다가 나도 모르는 사이에 피부는 자외선을 받으며 어두워지고, 기미가 생기고, 심지어 빠르게 늙어가고 있을지도 모른다! 햇빛이 내리쬐는 밝고 따뜻한 사무실은 정신 건강에는 긍정적인 영향을 주겠지만, 피부가 알게 모르게 자외선에 노출될 수 있는 환경이다. 그러니 실내라고 해서 자외선 차단을 소홀히 여기면 안 된다.

나에게 맞는 자외선 차단제 고르기

시중에는 엄청나게 다양한 자외선 차단제가 있다. 그중에 어떤 자외선 차단제를 선택하는 게 좋을까? 제형별로 나누자면 가장 대표적이면서 바르기 편한 제품은 선크림과 선로션이다. 조금 더 묽고 산뜻한 느낌을 주는 선젤도 있다. 선젤은 모공을 비교적 덜 막기 때문에 선크림을 바르면 여드름이 나는 사람에게 권한다. 선스프레이는 넓은 범위를 편하게 바를 수 있으며, 화장한 다음 덧바를 수 있다는 장점이 있다. 선스틱은 코 주변과 같은 굴곡진 부위를 바르는 데는 다소 불편하지만, 다른 제형보다 충분한 양을 한 번에 바를 수 있다. 선크림 제형은 충분한 양을 바르지 않아 효과가 떨어지기도 하는데, 선스틱은 아무래도 정량을 바르기가 쉽다. 따라서 오랜 시간 야외에서 활동해야 한다면 선스틱 제형을 선택하는 것이 좋다. 그런데 꼼꼼하게 바르지 않아 빈 공간이 생기는 경우에는 그 부위만 타거나 화상을 입는 불상사가 생길 수 있으니 반드시 주의하자.

자외선 차단제의 성분을 보면 크게 두 가지로 나뉜다. 물리적으로 자외선을 차단해주는 무기자차 성분과 화학적으로 자외선을 차단해주는 유기자차 성분이다. 시중에 나온 선크림은 대부분 무기자차 성분과 유기자차 성분을 혼합하여 성능과 발림감을 좋게 만들고 백탁 현상을 줄이고 있다. 간혹 선크림을 바르면 눈이 시려 바르기 어렵다는 사람들도 있는데, 이는 선크림에 든 '에칠헥실메톡시신나메이트', '벤조페논-3', '아보벤존' 같은 성분들이 자극감을 유발하기 때문이다. 만약 눈 시림을 잘 느낀다면 이러한 성분이 포함되지 않은 무기자차 선크림을 사용하자. 무기자차 선크림은 대개 따로 무기자차 성분임을 표시하여 광고하기 때문에 주변에서 쉽게 찾아 구입할 수 있다. 다만 이런 제품은 발림감이 조금 답답하고 백탁 현상이 있을 수 있다.

SPF와 PA, 제대로 알고 쓰자

자외선 차단제에 적혀 있는 SPF와 PA 수치도 잘 확인해봐야 한다. 이 수치가 높을수록 더 강력하게 자외선을 차단해준다는 사실은 대부분 알고 있지만, 구체적인 의미는 잘 모를 것이다. 우선 UVA(자외선A)와 UVB(자외선B) 개념을 살펴보자. UVA는 파장이 긴 자외선으로, 피부 깊숙이 침투하여 노화와 색소침착을 일으킨다. UVB는 UVA보다 파장이 짧은 자외선으로, 피부 깊숙이 침투하지는 못하지만 피부 표면에서 일광화상과 염증을 유발한다. 자외선 차단제는 이 두 가지 자외선 모두 차단하는 기능을 가지고 있으며, 그 차단 정도를 표시하는 수치가 PA와 SPF다.

PA^Protection grade of UVA^는 UVA를 차단하는 지수로, 플러스 표시가 많을수록 더 잘 차단한다는 의미다. 피부가 UVA에 오랜 시간 노출되면 까맣게 색소침착이 일어나는데, PA+ 제품을 바르면 바르지 않았을 때보다 색소가 침착되기까지 2~4배 오래 걸린다. PA++ 제품은 4~8배, PA+++ 제품은 8~16배, PA++++은 16배 이상의 시간 동안 색소침착으로부터 피부를 보호해준다. +가 하나씩 늘어날수록 2배 정도 더 긴 시간을 견딜 수 있는 것이다.

SPF(Sun Protection Factor)는 UVB를 차단해주는 지수다. UVB를 오래 쬐면 피부가 붉어지는데, 그때까지 걸리는 시간을 얼마나 늘려주는지에 따라 지수가 달라진다. 예를 들면 SPF5 제품을 바르면 아무것도 안 바른 피부보다 피부가 붉어지는 데 5배 오래 걸린다. 우리가 흔히 사용하는 SPF50 제품은 50배나 차단 시간이 길어지는 것이다. 그러나 자외선 차단제가 땀이나 물에 의해 조금씩 씻겨 내려가는 것을 감안하면 실제 지속 시간은 길지 않기에 실외 스포츠 활동 시에는 계속 덧발라줘야 한다. 그렇다면 무조건 차단 지수가 높은 제품을 써야 할까? 꼭 그렇지는 않다. 야외 활동이 있는 경우에는 SPF 50, PA+++ 이상의 제품을 사용하고 햇빛을 거의 볼 일이 없는 실내 활동만 한다면 SPF 10~30, PA+ 정도로도 무난하다. 출퇴근길에 햇빛 아래에서 걷는다면 SPF 30 이상, PA++ 이상 제품을 선택하도록 하자.

자외선 차단제, 잘 발라야 효과가 있다?

내 라이프스타일에 맞는 자외선 차단제를 구입했다면, 이번에는 효과적으로 바르는 방법을 알아보자. 보통 자외선 차단제를 외출하기 20~30분 전에 발라야 한다고 이야기하는데 이는 뚜렷한 근거가 있는 말은 아니다. 선크림 성능을 테스트할 때 바르고 30분 후에 성능을 측정하기 때문에 생긴 오해인 듯하다. 대체로 선크림은 피부에 흡수되지 않은 상태에서도 충분한 효과를 발휘할 수 있다. 특히 선크림의 무기자차 성분은 피부 각질층에 흡수될 때까지 기다릴 필요가 없다. 물론 선크림을 바른 직후에 땀을 많이 흘린다면 씻겨 내려갈 수 있으므로 선크림을 바른 다음에는 땀 나는 활동을 하거나 바른 부위를 손이나 수건으로 닦는 것은 자제하자. 실외 스포츠를 한다면 2시간 간격으로 덧바르는 것이 좋고, 그렇지 않다면 햇빛이 강해지는 점심 때쯤 한 번 덧바르는 걸로 충분하다.

바르는 양 또한 매우 중요하다. 얼굴 전체에 거의 새끼손톱만 한 양을 짜서 펴 바르는 사람들이 있는데, 이 경우에는 차단제의 효과가 떨어진다. 선크림에 표기된 SPF와 PA는 적절한 양을 발랐을 때에만 성능을 발휘한다. 일반적으로 선크림을 손가락 끝에서부터 두 마디 정도 직선으로 짜내면 얼굴 전체에 바르는 양이 된다. 더 단순하게는 500원짜리 동전 크기가 적당한 양이라고 생각해도 좋다. 너무 많아서 놀랐겠지만 이렇게 바르지 않으면 선크림 성능은 기하급수적으로 떨어진다. 적정량의 1/2을 바를 경우 효과가 1/4로 떨어진다고 봐도 무방하다. 햇빛이 강한 날이거나 실외에서 오랜 시간 있어야 한다면 꼭 정량을 바르자. 자신이 없으면 선스틱을 바르는 것도 괜찮다.

요즘은 비비 크림, 파운데이션 같은 색조 화장품에도 자외선 차단 기능이 포함되어 있어서 이런 제품을 쓰면 한 번에 해결되겠지 생각하며 선크림을 잘 바르지 않기도 한다. 하지만 색조 화장은 주로 옅게 바르기 때문에 충분한 양을 바르기 어렵다. 안 그래도 색조 화장품에 포함된 자외선 차단 기능은 자외선 차단제보다 성능이 떨어지는데, 양까지 부족하니 거의 안 바른 수준이나 마찬가지다.

자외선 차단제는 가장 효과가 좋은 항노화 치료제다. 비싼 레이저 시술을 받을 필요가 없도록 피부를 보호해준다. 자외선 차단제를 바르는 작은 습관 하나가 얼굴의 주름을 막고, 얼룩덜룩한 기미를 억제해주며, 자외선 때문에 생기는 피부염을 예방해준다. 젊고 깨끗한 피부를 오랫동안 유지하고 싶다면 자외선 차단제는 선택이 아닌 필수다. 만약 평생 한 가지 화장품만 사용해야 한다면 나는 피부과 의사로서 망설임 없이 이토록 중요한 자외선 차단제를 선택할 것이다.

정신건강의학과 전문의
이의석

오전 회의부터 언성 올라가는 B 차장님, 그리고 그를 대하는 우리들의 자세

"일 똑바로 안 해? 회사가 장난이야?"

아침부터 또 시작이다. B 차장의 언성이 점점 높아진다. 듣다 보니 화가 나서 이마가 제법 벗겨진 B 차장의 머리털이 더 빠졌으면 좋겠다는 다소 잔인한(?) 소망까지 빌어본다. 나름대로 최선을 다하고 있는데 왜 나만 보면 조용한 회사 안에서 소리를 치는지 모르겠다. 처음엔 주변 사람들의 시선 때문에 민망하고 창피했는데, 이런 일이 반복되니 B 차장이 문제가 아니라 내가 능력이 없는 건가 하는 생각이 들어 자신감이 떨어지고 자기 비하까지 하게 된다. 다른 부서로 이동할 수 있는 기회가 온다면 빨리 이동하는 게 방법이겠지만, 현실에서는 그런 기회가 쉽게 오지 않는다. 정신 건강을 망치는 회사 내 대인관계 문제, 어떻게 해결해야 내 마음도 지키고 회사 생활도 잘 해낼 수 있는 걸까?

누구나 포기하고 싶은 순간이 있다

인기 웹툰을 원작으로 한 드라마 〈미생〉에서 주인공 '장그래'는 소위 낙하산으로 들어와 주변 모든 사람들의 눈총을 받으며 일을 하지만, 특유의 노력으로 이를 극복해간다. 우리도 장그래처럼 갈등을 이겨낼 수 있다면 좋겠지만, 안타깝게도 사람들마다 각자 마주하고 있는 어려움도 다르고, 스트레스를 버틸 수 있는 역치도 다르다.

직장 생활에서 겪는 스트레스는 쉽게 치부할 만한 것이 아니다. 처음에는 약간 불면에 시달리거나 피로감을 느끼는 정도지만, 스트레스가 심해지면 마치 머릿속에 안개가 낀 것처럼 평소에는 손쉽게 할 수 있는 일도 잘 못하게 된다. 그렇게 실수가 반복되면 일이 손에 잡히지 않기 마련이다. 내 상태와는 무관하게 또 다른 업무들이 몰아칠 때 '내가 이렇게까지 해야 하나? 도저히 못 해먹겠다' 싶은 마음이 들면서 업무를 감당하지 못하는 순간까지 온다. 숨이 턱 막히고 어지럽거나 심하면 쓰러지는 경우도 있다.

사실 의사들도 이런 스트레스를 겪는다. 의대 공부 6년을 마치고 의사 국가고시를 합격하면 많은 이들이 자신감이 충만한 상태로 인턴을 시작한다. 그러나 직접 겪어보면 생각과는 다른 현실에 좌절하곤 한다. 심지어 나는 인턴 생활 한 달 만에 그만두고 싶다는 생각을 했다. 인턴 때는 매달 스케줄이 바뀌어 각 과를 돌며 근무를 한다. 처음에 호흡기 내과에 배정되었는데, 20대 중반의 초보 의사였던 그때는 쉽게 할 수 있는 검사조차도 어설프게 해 꽤나 고생을 했다.

노력해서 극복하겠다는 마음가짐으로 열심히 일을 했으나 업무의 강도는 점점 세졌고, 몸도 마음도 지쳐갔다. 하루에 한 끼도 제대로 먹지 못하고 콜을 받느라 계속 뛰어다녔고, 레지던트 선생님들이 내놓은 오더대로 땀을 뻘뻘 흘리면서 검사를 진행했다. 하루는 이미 선배에게 빨리 검사를 하라고 연락을 받은 상태였는데 또 다른 선배가 콘퍼런스 준비가 급하다고 서둘러달라고 연락을 했다. 하필 그날은 무언가를 먹을 시간이 없어 자판기 식혜로 식사를 대신하고, 전날 새벽에 CPR(심폐소생술) 콜 때문에 잠도 못 잔 상태였다. 밀려드는 일에 정신을 차리려고 화장실에서 세수를 하고 뛰어가는데, 배에서 꼬르륵 소리가 나면서 코피가 흘렀다. 힘든 것을 티 내기 싫어 코를 압박해 지혈하고 바로 다시 콘퍼런스 준비를 하러 갔다. 그런데 워낙 정신없이 준비하다 보니 선배가 꼭 챙겨오라던 레이저포인터를 깜빡했고, 결국 선배에게 좋지 않은 소리를 들었다. 그러자 그동안 참아왔던 서러움이 폭발하며 머릿속에서 그만두고 싶다는 생각이 스쳐 지나갔다.

나타나는 모양은 다르겠지만 누구나 한 번쯤은 직장 생활 중에 힘들고 괴로웠던 적이 있을 것이다. 힘든 상황에 처하면 항상 낙관적이고 긍정적일 수만은 없다. 머릿속에서 이런저런 걱정과 염려가 떠나지 않는 게 보편적인 인간의 심리이기에 긍정적인 감정 상태를 유지하기 위해서는 노력이 필요하다. 만약 당신이 직장 업무나 대인관계 갈등으로 속으로는 불안한데도 밝은 표정으로 출근하고 일을 해야 한다면, 정신적인 에너지를 끊임없이 태워내는 '감정 노동'을 하고 있는 것이다. 감정 노동은 인간의 생존에 필수적인 '감정'의 고유 기능을 왜곡하고 억압하도록 강요함으로써 정신 건강에 치명적인 영향을 미친다. 물론 누군가 나에게 싫은 소리를 했다고 즉

각 반응하며 과도하게 화를 내는 건 미성숙한 행동이지만, 그렇다고 자신의 정체성이 위협받는 순간이나 스스로를 지키기 위해 분노를 표출해야 할 때도 감정을 억압한다면 마음 깊은 곳에 상처가 남는다. 이런 일들이 반복되면 꾹꾹 눌러놓은 감정 때문에 스스로에 대한 인식이 왜곡될 가능성이 크다. 궁극적으로는 '나는 왜 이 정도밖에 안 될까?', '내가 이렇게 부족한 사람이었나?' 하는 회의감에 빠져 자신을 무가치하게 여기게 된다.

나도 내가 싫어질 때

어떤 사건으로 느낀 수치심과 충격은 꽤 오래간다. 상사와의 갈등을 떠올리고 싶지 않아도 회사를 가면 자꾸 그때 일이 생각나 괜히 주눅이 들고, 그 사람의 얼굴만 떠올려도 소화가 잘 안 된다. 일을 시작하기 전부터 한숨이 나오고 답답한 마음에 잠도 잘 오지 않는다. 그렇다고 시간이 약이라며 감정이 나아질 때까지 무조건 기다릴 순 없다. 이럴 때는 억지로 부정적인 감정의 늪에서 빠져나오고자 허우적대기보다는 지금 이 순간에 집중하는 것이 좋다. 퇴근 후 사랑하는 사람들과 맛있는 음식을 먹고 수다를 떨어보자. 내가 좋아하는 음악을 듣거나 영화를 보는 등 취미에 심취해보는 것이다. 집에 와서도 회사에서 있었던 일을 곱씹으며 괴로워하기보다는 '그래도 나는 이걸 잘하니까', '다른 팀원들하고는 잘 지내고 있어'라는 식으로 다른 것에 집중하며 생각을 분산시키는 것이 더 낫다.

또한 회사 일이나 특정 사람과의 갈등이 내 인생의 전부가 아니라는 사실을 기억해야 한다. 인생에는 한 가지 길만 있는 건 아니다. 하다 못해 동네 뒷산을 등산할 때도 등산로에는 여러 갈래가 있고, 그 길마다 다양한 풍경과 볼거리가 있다. 회사를 다니게 된 것도 내가 가는 길의 또 하나의 갈래일 뿐이다. 그렇기에 이 길을 가는 목적도 내가 정하기 나름이다. '나는 내 미래를 발전시키기 위해 삶을 투자하고 있다', '나를 바라보는 든든한 남편과 사랑스러운 아이를 위해 일한다' 등 일하는 목적을 분명히 하면 길을 가는 데 힘이 덜 든다. 그리고 때로는 다른 길로 빠지더라도 마음이 덜 조급해진다. 스스로에 대해 어떻게 생각하고 느끼는지를 '자기개념'이라고 일컫는데, 다방면에서 건강한 자기개념을 가질 때 쉽게 무너지지 않는 사람이 된다. 이렇게 취미나 회사 밖 사람들과의 관계 같은 삶의 다양한 요소에서 위로와 힘을 얻고, 긍정적 체험들이 쌓이면 감정 노동의 상처도 회복할 수 있을 것이다.

내 마음도, 회사 생활도 지키는 빌런 대처법

흔히들 어느 집단이든 이상한 사람은 꼭 한 명씩 있다고 한다. '나 때는 말이야'라며 사사건건 가르치려는 소위 '꼰대'도 이런 사람들 중 하나다. 이들은 타인의 상황과 입장을 고려하지 않은 채 본인만의 편협한 경험과 사고를 진리라고 내세운다. 그런가 하면 권위 의식에 취해 속이 비비 꼬인 사람도 있다. 타인의 감정에 대한 배려는 눈곱만큼도 찾아볼 수 없는 소시오패스나, 본인만 잘났다고 생각하는 나르시시즘적 성향의 상사들을 대할 때면 눈앞이 캄캄해진다. 이런 빌런들은 어디서 끊임없이 나오는 걸까?

그렇다고 무작정 회사를 그만둘 순 없으니, 직장에서 내 마음을 챙기면서 이 난관을 슬기롭게 헤쳐나가는 법을 배워야 한다. 우리가 첫 번째로 할 일은 나를 힘들게 하는 그 사람이 어떤 상황에서 기분이 나빠지고 화를 내는지 파악해 그런 상황을 최대한 피하는 것이다. 예를 들어 말하는 방식에 예민한 사람이라면 업무 보고 시 최대한 완곡하게 표현해볼 수 있다. 데일 카네기의 《인간관계론》에도 나와 있듯이, 나를 괴롭히는 사람을 역설적으로 인정해주고 칭찬해주면 그 사람도 나에게 모진 말을 덜 하게 될 가능성이 있다. 성격장애 성향을 가진 사람이 회사에 있다면 그 사람을 면밀히 파악하여 유연하게 대처하는 것이 현명하다.

두 번째 방법은 괴롭히는 말이나 상황에 최대한 무감각해지도록 노력하는 것이다. 괴롭히는 주체는 외부인이지만 그것에 반응하며 상처받는 것은 나 자신이다. 상대가 사실 별 볼 일 없는 사람이라고 생각해보면 의외로 상황과 내 감정을 효과적으로 분리시킬 수 있다. 그리고 무엇보다도 내가 원래 어떤 사람이었는가를 깊이 고민해보고, 나에 대한 굳은 믿음과 확신을 가지는 것이 중요하다. 그럼에도 지속적인 괴롭힘이 계속되고 부정적 감정의 늪에서 빠져나오기 힘들다면 차근차근 계획을 세워서 이직할 방법을 찾아야 한다. 부모님 세대에는 한 직장에 꾸준히 다니다가 퇴직하는 게 미덕이고 능력이었다. 하지만 요즘은 이전에 비해 이직률도 매우 높아졌고 평소 꾸준한 자기계발을 통해 실력을 쌓아 이직을 하면 더 좋은 조건으로 갈 확률도 높아졌다. 혹은 회사에서 인재를 놓칠 수 없다는 생각에 적극적인 조치를 취해줄 수도 있다.

만약 스트레스 상황이 계속 반복되어 스스로의 힘으로 우울감 같은 부정적인 감정 속에서 빠져나오기 힘들다면, 전문가의 도움을 받길 권한다. 같은 사건을 겪어도 어떤 사람은 무덤덤하게 받아들이지만 어떤 사람은 큰 상처를 입는다. 한 사건이 그 사람에게 어떠한 의미가 있는지 제대로 파악하기 위해서는 그 사람의 인생사를 알아야 한다. 처음 정신과를 방문하면 면담을 통해 전반적인 인생의 히스토리를 되돌아보며 어떤 상처가 남아 있는지 반추해보는 시간을 갖는다. 그런 다음 면담이 진행될수록 점차 '지금', '여기'에 초점을 두어, 현실 상황에 적응할 수 있도록 한다. 누구든지 자신의 아픔이 감당할 수 있는 수준을 넘어섰다고 느낀다면 심리상담사 혹은 정신건강의학과 전문의를 찾아가 치료받는 것을 두려워하지 않길 바란다. 당신은 절대 혼자가 아니다.

직장인의 점심시간

내가 아니면
누가 날 위해주나?

재활의학과 전문의
이의창

회사 다니면서 건강하게 다이어트 하는 법

"저는 기부 천사예요, 헬스장 기부 천사."

새해에 하는 가장 흔한 다짐을 꼽자면 다이어트가 아닐까? 아마 대부분 새해에 거창한 다이어트 계획을 세우고 작심삼일에 그쳤던 경험이 있을 것이다. 우리는 살을 빼려면 운동을 해야 한다는 사실을 알고 있지만, 항상 바쁘다는 이유로 이런저런 핑계를 찾는다. 물론 일에 치여 녹초가 되어 운동을 하러 갈 기운이 없는 날도 있다. 하지만 양심에 손을 얹고 생각해보

자. 운동을 하기 싫어서 '오늘은 너무 피곤하니까', '하루 정도는 괜찮을 거야' 하며 이유를 만들어낸 적은 없었는가?

그럼 우리는 왜 이토록 운동을 하기 싫어할까? 운동도 재미가 있어야 꾸준히 할 텐데, 재미가 없는 게 문제다. 러닝, 헬스(웨이트 트레이닝), 필라테스, 요가, 수영, 복싱 등 정말 다양한 운동이 있고, 광고를 할 때는 이 운동이 모두 다이어트에 효과적이라고 홍보한다. 당연히 다이어트에 효과가 있겠지만, 여기에서 다루고자 하는 포인트는 '회사에 다니면서도, 건강하게 체중 조절하는 법'이다. 운동을 해야겠다는 생각이 들면 무조건 헬스장부터 등록하는 사람들이 많다. 처음에는 마음을 다잡고 열심히 해보지만, 여러 가지 이유로 한두 번 빠지면서 의욕을 잃고 나중에는 아예 운동을 손에서 놓게 된다. 그러고 나서 '역시 나는 이 운동과는 맞지 않아'라고 합리화하는 것이다. 어떻게 하면 건강한 다이어트를 할 수 있을지 운동부터 식습관까지 자세히 살펴보자.

하루 30분 주 5일, 걷기 운동

지방을 태워주는 유산소 운동이 다이어트에 효과적이라는 사실은 익히 알려져 있다. 그런데 어떤 유산소 운동을 어느 정도 해야 효과를 볼 수 있을까? 유산소 운동의 종류는 다양하지만, 직장 생활을 하면서 따로 시간을 내서 운동을 하러 가기 부담스러운 사람들에게 가장 좋은 운동은 바로 '걷기'다. 걷기가 운동이 되냐며 의아해하는 사람도 있을 것이다. 하지만 걷기는 알고 보면 장점이 많은 운동이다.

먼저 걷기는 누구나 지속해서 하기가 쉽다. 달리기는 익숙한 사람이 아니라면 연속해서 30분도 하기가 어렵지만, 30분 이상 걷는 건 어렵지 않다. 유산소 운동을 할 때 처음 20분간은 탄수화물이 에너지원으로 가장 많이 소비되고, 그 이후부터 지방이 소비되기 시작한다. 따라서 유산소 운동으로 지방 연소 효과를 보려면 최소 20분 이상은 연속으로 해야 한다. 초보자가 부담 없이 20분 이상 할 수 있는 유산소 운동이라는 점에서 걷기를 추천한다.

수치로만 보면 걷기가 칼로리 소모가 적어 살 빼는 데 별로 효과적이지 않다고 생각할 수 있는데 꾸준히 걷는 습관을 들이면 체중 감량에 꽤 도움이 된다. 격렬한 유산소 운동을 20분 내로 하는 것보다 적당한 속도로 1시간 걷는 게 더 효과적일 수 있다. 이외에도 걷기는 달리기를 비롯한 다른 격렬한 운동에 비해 무릎, 발목 같은 관절에 무리가 덜 가고, 근육 및 힘줄 부상의 위험이 적다. 걷기 운동을 할 때는 발에 무리가 가지 않는 편한 운동화를 신고, 최소 20~30분 이상 걷는 것을 추천한다.

모든 운동이 그렇듯 유산소 운동은 규칙적으로 꾸준히 해야 한다. 운동을 한 번에 몰아서 하고 며칠을 쉬는 것보다 조금씩 하더라도 지속적으로 하는 것이 더 효과가 좋다. 일부러 시간을 내어 운동을 가기보다 일상 속에서 틈틈이 걷는 습관을 만들어보자. 쉽고 간편하게 할 수 있는 운동이 장기적인 측면에서 훨씬 더 효율적이다. 그렇다고 무조건 걷기만 하는 건 추천하지 않는다. 걷기만 해서는 빠른 시간에 효과를 보긴 어려우니 다른 근력 운동을 병행해주는 게 좋다.

보건복지부에서 발간한 〈한국인을 위한 신체활동 지침서〉에서는 성인들에게 일주일에 2시간 30분(150분) 이상 중강도 유산소 운동을 하도록 권고하고 있다. 일주일에 5일, 하루에 30분씩만 해도 이 시간을 채울 수 있다. 고강도 운동은 일주일에 1시간 15분(75분) 이상 하도록 권고하고 있으니 일주일에 3일, 하루에 25분씩 하면 된다. 유산소 운동뿐만 아니라 근력 운동도 일주일에 2일 이상 해주는 것이 좋다.

여기서 말하는 중강도 유산소 운동이란 자신이 감당할 수 있는 가장 높은 강도를 10이라고 했을 때 5~6 사이 강도로,

✳ 건강해지기 위한 최소한의 운동량

호흡이 약간 빨라지게 만드는 운동을 의미한다. 빨리 걷기, 자전거 타기, 배드민턴 연습, 등산(내리막), 수영 연습 등이 해당한다. 고강도 운동은 7~8 사이의 강도로, 심장 박동이 빨라지거나 호흡이 많이 가빠지는 운동을 뜻한다. 등산(오르막), 배드민턴 시합, 조깅, 줄넘기, 인라인 스케이트, 수영 및 축구 시합 등이 있다.

다이어트의 핵심은 '절식'

운동으로 칼로리 소모량을 늘리는 것도 필요하지만 칼로리 섭취 자체를 줄이는 것이 더욱 중요하다. 몇 년 전부터 간헐적 단식, 황제 다이어트, 키토제닉 다이어트 같은 수많은 방법이 유행해왔다. 그런데 이보다 훨씬 더 쉽고 간편한 다이어트 법이 바로 '절식節食'이다. 여기에서 말하는 절식은 이미 예전부터 수차례 연구되었던, 칼로리 섭취량을 극단적으로 제한하는 '칼로리 제한 식이calorie restriction diet'를 말하는 게 아니다. 영양소를 골고루 하루 세끼 잘 섭취하되, 먹는 양 자체를 반 혹은 그 이상으로 줄이는 방법이다. 적절한 영양 섭취 없이 무작정 칼로리를 제한하면 오히려 면역력 저하, 노화, 탈모, 생리불순, 변비 같은 증상이 발생하여 건강을 해칠 수 있다.

직장인들이 다이어트를 위한 식단을 짜면서 스트레스를 받는 경우를 심심치 않게 본다. 다이어트식 도시락을 직접 싸서 다니기도 하고, 각종 기능성 식품에도 지출을 아끼지 않는다. 이런 방법도 좋지만, 매번 실천하기엔 여간 번거로운 게 아니다. 게다가 잘못하면 특정 영양소가 결핍되어 영양 불균형 상태에 빠질 수도 있다. 그렇기에 직장인들이 편하게 할 수 있는 가장 쉬운 다이어트 법은 평소처럼 먹고 싶은 음식을 먹되 먹는 양을 줄이는 절식이다. 오늘부터 당장 평소 먹는 밥의 양을 반으로 줄여보는 건 어떨까? 물론 절식을 한다는 것은 생각보다 쉬운 일이 아니다. 하지만 조금씩 실천하다 보면 위에도 부담이 덜 가고 몸이 가벼워지는 느낌을 받을 것이다. 처음에는 잘 안 되더라도 계속 반복해서 습관으로 만들면 나중에는 억지로 조절하려고 하지 않아도, 내 몸이 편안해지는 그 상태를 즐기게 된다. 그러면 당연히 체중 감량은 따라온다.

양을 줄이면서 식습관도 개선해나가야 한다. 짜게 먹는 습관을 버리고 기름지거나 단 음식을 서서히 줄여보자. 그런데 요즘은 다이어트를 위해 설탕 대신 인공감미료가 들어간 음료나 음식을 섭취하는 사람들이 많다. 콜라는 마시고 싶고 살은 찌고 싶지 않을 때 당분이 많은 탄산음료 대신 당분 함유량이 0%인 대체 음료를 마신다. 이런 다이어트 음료나 음식에는 인공감미료인 수크랄로스가 들어가 있다. 수크랄로스는 설탕보다 단맛이 600배나 강한 무열량 감미료다. 그런데 최근 발표된 연구에 따르면 설탕이 들어간 음료에 비해 수크랄로스가 들어간 음료를 마셨을 때 식욕과 관련된 뇌 영역의 활동이 눈에 띄게 증가하는 것으로 드러났다. 그러므로 인공감미료가 포함된 음식도 되도록이면 가까이하지 않기를 권한다.

스트레스 관리도 중요한 요소다. 스트레스는 비만과 깊이 관련되어 있다. 스트레스를 받을 때 달고 자극적인 음식이 생각난 적이 있을 것이다. 적당히 음식을 즐기는 것은 문제가 되지 않지만, 먹는 것으로 스트레스를 푸는 게 습관이 되면 비만이 될 가능성이 높다. 게다가 스트레스가 만성화되면 호르몬 분비로 식욕이 증가하고, 신진대사가 느려져 체중이 늘어난다. 처음에는 스트레스를 받아서 살이 찌기 시작했는데, 나중에는 살이 찌는 것 때문에 또 스트레스를 받는 악순환의 고리에 갇힐 수 있다. 그러니 스트레스를 건강하게 해소하는 법을 찾아야 한다. 스트레스를 받을 때 무조건 음식을 찾기보다는 잠깐이라도 밖에 나가 산책을 하며 기분 전환을 해보자. 취미 생활에 몰두하면서 스트레스를 푸는 것도 좋다.

신체적·정신적 원인으로 체중 감량이 너무 어려울 경우에는 약물을 처방하기도 한다. 가장 널리 쓰이는 약물은 식욕 억제제다. 식욕억제제는 경구제(먹는 약)와 주사제로 나뉘며, 식욕을 느끼는 뇌의 중추에 작용해서 식욕을 덜 느끼게 하거나 포만감을 유발한다. 많은 이들이 이런 약제들을 마치 비만인을 위한 만병통치약처럼 여기는데 사실은 그렇지 않다. 다이어트 약물의 목적은 단순히 체중을 줄이는 것이 아니라 비만의 합병증을 예방하고 개선하는 것이다. 그리고 이 약물에는 순기능만 있는 건 아니다. 불안, 초조, 불면, 정신이상, 폐

동맥 고혈압, 심장병, 담석, 담도염 등의 부작용이 나타날 수 있으므로 전문의의 처방에 따라 기간을 정해놓고 복용해야 한다.

결국 다이어트 약제는 다이어트를 돕는 보조 요법이 될 수는 있지만, 근본적인 해결책은 아니다. '건강하게' 다이어트를 하기 위해서는 적절한 운동을 하며 식습관을 개선하고 스트레스를 잘 관리해야 한다. 이것이 너무나 당연한 말로 들리겠지만, 우리 몸은 아주 정직해서 편법이 통하지 않는다. 일이 많아서 운동을 할 시간이 없다는 핑계는 잠시 내려놓자. 출퇴근길 15분씩만 빠르게 걸어도 하루 30분 걷기 운동을 할 수 있다. 직장에서 스트레스를 받았으니 이 정도는 먹어도 된다고 더 이상 스스로 합리화하지 말자. 우리에게는 거창한 다이어트 말고 내 몸을 아끼고 사랑하는 작은 습관들이 필요하다.

정신건강의학과 전문의
이의석

이상하게 회사에선 늘 속이 더부룩하네요

"별로 많이 먹지도 않았는데, 왜 이렇게 소화가 안 되지?"

"스트레스받아서 그런 거 아니에요?"

평소에 소화제를 달고 사는 C 대리는 프로젝트 마감을 앞두고 소화불량 증세가 더욱 심해지는 걸 느꼈다. 무얼 먹어도 배에 가스가 차고 속이 더부룩하다. 병원에 가서 약도 먹어보고 내시경도 해보았지만 특별히 이상이 없다고 한다. 약을 먹으면 잠깐 괜찮아지지만, 스트레스를 받을 때마다 약을 먹을 수도 없는 노릇이다. 왜 C 대리는 늘 회사에만 오면 배가 아픈 걸까? 소화불량은 활동량이 적은 직장인들이 자주 겪는 증상이다. 병원에서 검사를 받고 소화기관에 문제가 없다고 들었는데도 이런 증상이 계속 반복된다면 '과민성 대장 증후군'이나 '기능성 소화불량'일 수 있다. 과민성 대장 증후군은 앞에서 다루었으니 여기서는 기능성 소화불량에 대해 알아보자.

당신의 속이 더부룩한 이유

기능성 소화불량이란 특별한 원인 없이 소화불량, 복통, 더부룩함, 속 쓰림, 복부 팽만감 등의 증상이 지속되는 만성 질환이다. '기능성'이라는 말에서 유추할 수 있듯이 위염이나 위궤양과는 다르게 명확한 원인을 밝혀낼 수 없을 때 진단한다. 뚜렷한 원인이 없다 보니 방치되는 경우가 많지만, 삶의 질을 떨어뜨리는 매우 불편한 질환임은 틀림없다. 기능성 소화불량은 좋지 않은 식습관은 물론 정신적 스트레스와 밀접한 관련이 있다.

그런데 왜 스트레스를 받으면 소화가 잘 안 되는 걸까? 우리 몸에는 항상성을 유지하는 자율신경계가 존재한다. 자율

신경계는 교감신경계와 부교감신경계로 나뉘는데 각각이 수행하는 역할이 다르다. 교감신경계는 흥분된 상태에서 몸을 활성화시키고 에너지를 생성하는 반면, 부교감신경계는 안정적이고 편한 상태에서 소화 및 흡수와 같이 에너지를 절약하고 저장하는 일을 한다. 두 신경계가 서로 상호작용하며 우리 몸의 항상성을 유지해준다.

싸우거나 도망치는 상황을 한번 상상해보자. 머리카락이 곤두서고 동공이 커지고 심장박동 수가 빨라지며 온몸의 근육들이 긴장하고 언제든지 달려 나갈 준비를 할 것이다. 이때 교감신경계가 작용하여 우리 몸의 각종 혈액이 해당 근육 쪽으로 몰리기 때문에 소화기관으로 가는 에너지는 제한된다. 소화기관의 운동은 주로 부교감신경계가 지배하고 있는데, 스트레스를 받아 화가 나고 심장이 두근거리는 상황에서는 교감신경계가 활발히 작용하므로 소화불량이 생기는 것이다.

소화불량은 어떻게 해결하나요?

과민성 대장 증후군이나 기능성 소화불량의 치료법을 논하기 전에 먼저 명확히 할 것이 있다. 피검사, 엑스레이, 내시경 등 충분한 검사를 통해 소화불량에 다른 기질적인 원인이 있는지 정확히 밝혀야 하고, 만약 다른 원인이 있다면 이를 치료하는 게 우선이다. 그러나 검사를 해도 뚜렷한 원인이 없다면 생활 습관부터 차근히 개선할 필요가 있다. 앞서 정신적 스트레스나 맵고 짠 기름진 음식을 섭취하는 식습관이 이런 질환을 악화시킨다고 설명했다. 자극적인 음식이나 술, 커피처럼 위산 분비를 촉진할 수 있는 음식은 자제해야 한다. 장이 계속 안 좋을 때는 균형을 맞추기 위해 유산균 같은 건강기능식품을 섭취하는 것도 도움이 된다. 불규칙적인 생활 또한 소화기관에 좋지 않다. 하루에 7~8시간 정도 적절한 수면 시간을 확보하고, 규칙적인 생활 패턴을 유지하도록 노력하자.

생활 습관뿐 아니라 스트레스 관리도 필요하다. 나만의 스트레스 해소법이 있으면 더할 나위 없이 좋지만, 없더라도 다양한 방법을 시도해보고 내게 맞는 것을 찾아가면 된다. 억눌린 감정을 발산할 수 있는 창구를 마련해보자. 친구들을 만나 수다를 떨거나 가벼운 운동 혹은 명상을 해볼 수도 있다. 우리는 하루 종일 일에 에너지를 쏟으며 자기도 모르게 많은 스트레스를 받는다. 그러니 하루에 잠깐이라도 온전히 쉴 수 있는 나만의 시간을 만들어 온종일 긴장 상태에 있던 우리 뇌에 쉴 틈을 주어야 한다.

혼자 힘으로 생활 습관을 고치는 것이 너무 어렵다면 전문가의 도움을 받자. 면담을 하면서 마음속 깊이 쌓아둔 고민과 감정들을 털어놓고 스트레스 관리법을 배워간다면, 이런 증상이 호전되는 데 도움이 될 것이다. 전문가의 지도 아래 수면제 및 신경안정제를 단기간 동안 복용하여 수면 패턴을 맞추거나 심한 불안을 낮추는 방법도 있다. 항우울제 같은 약물치료가 기능성 소화불량에 어느 정도 도움을 준다는 연구 결과도 있다. 그러니 소화기관에 문제가 없는데 스트레스 때문에 소화불량 증상이 심해서 힘들다면 고통을 애써 무시하거나 방치하지 말고 적절한 방법으로 몸을 돌보자.

직장인 건강 고민, 의사에게 물어보세요

Q 평소에 소화가 안 될 때가 많아 소화제를 달고 사는 편인데, 이대로 계속 소화제를 먹어도 괜찮은 걸까요?

A 소화제의 종류는 성분에 따라 제산제, 소화효소제, 위운동개선제 등으로 다양하게 나뉩니다. 증상별로 복용해야 하는 소화제가 다를 수 있어요. 그리고 소화제도 꾸준히 먹었을 때 부작용이 나타날 수 있기 때문에 오랜 기간 복용하는 것은 주의하셔야 합니다. 예를 들면 제산제는 위산 과다로 인한 속 쓰림 증상이 있을 때 복용하지만 알루미늄이

나 마그네슘 성분이 포함되어 있어 변비나 설사 환자들은 조심해야 합니다. 또한 만성 신부전 환자들이 섭취 시에는 오히려 소화가 지연될 수 있어요. 또한 소화효소제나 위운동개선제는 각각 식후, 식전에 복용해야 더욱 도움이 됩니다. 소화제별 효능과 부작용, 복용 방법을 잘 알아보고 의사 혹은 약사와 충분히 상의 후 복용하시길 권해드립니다.

Q 야근한 다음 집에 오면 식사 시간이 늦어져요. 피곤하니 먹고 나면 바로 눕고 싶고요. 식후에 얼마나 기다렸다가 눕는 게 좋나요?

A 우리 몸이 음식물을 소화시키는 데에는 최소 4시간이 걸립니다. 음식 섭취 후 바로 누우면 음식물이 그대로 위에 남아 있게 되고, 소화가 제대로 이루어지지 않아 소화불량, 역류성 식도염을 초래할 수도 있습니다. 이는 수면에도 방해가 되는 요소입니다. 물론 음식을 먹으면 부교감신경이 작동되어 졸릴 수 있지만, 건강을 생각해서 저녁 식사 후 최소 3~4시간 후 주무시는 걸 추천드려요. 그동안 따뜻한 물로 샤워를 하는 등 시간을 버는 방법도 생각해보면 좋을 것 같습니다.

정신건강의학과 전문의

이의석

아직도 '식후땡' 하시나요?

"C 대리, 담배 한 대 피우러 갈래?"

"저 오늘부터 금연하려고요."

"그래? 그거 생각보다 쉽지 않을 텐데. 아니라면 내가 지금까지 이러고 있겠어?"

'흡연은 백해무익'이라는 말을 모르는 사람은 없을 것이다. 공익 광고에서도 '흡연은 질병입니다, 치료는 금연입니다'와 같은 표어를 내세워서 흡연자들에게 경각심을 불러일으키곤 한다. 우리나라에서는 의료 시설, 교육 기관뿐만 아니라 식당과 술집 같은 공공장소에서 모두 흡연을 금지하고 있으며, 담뱃갑에 흡연 경고 문구와 사진을 의무적으로 넣고 있다. 2015년부터는 흡연율을 줄이기 위해 담배 가격을 인상하는 등 국가적으로 다양한 시도를 하고 있다.

금연하는 법을 이야기하기 전에 먼저 흡연이 얼마나 건강에 해로운지 살펴보자. 단도직입적으로 말하면 흡연자 중 절반이 흡연과 관련된 질환으로 사망하며, 흡연자는 비흡연자에 비해 평균적으로 10년 더 일찍 생을 마감한다. 여기서 더 큰 문제는 흡연자 본인만 건강에 문제가 생기는 것이 아니라, 사랑하는 가족과 친구들도 간접 흡연의 피해를 입는다는 사실이다. 담배 연기에는 5천 종이 넘는 독성 및 발암물질이 혼합되어 있다. 흡연을 하면 중독성을 유발하는 니코틴이 혈액을 타고 전신에 퍼져 10~20초 이내에 뇌에 도달한다. 니코틴은 뇌의 보상 회로를 자극해 도파민을 분비시키고 쾌감을 느끼게 한다. 니코틴의 중독성은 다른 어떤 물질보다 강력하여 단 한 번의 흡연으로도 의존성이 생길 가능성이 높다. 뿐만 아니라 노르에피네프린, 아세틸콜린, 세로토닌, 가바GABA 등의 다양한 신경전달물질을 변화시켜 우리 몸을 각성시키고, 식욕감소, 불면과 같은 증상을 야기한다.

의사가 알려주는 효과적인 금연법

담배가 무서운 건 잘 알겠는데, 도대체 어떻게 해야 끊을 수 있을까? 많은 흡연자들이 새해 다짐으로 '금연'을 꼽지만 현실적으로 혼자 시도했을 때 금연 성공률은 약 5%밖에 되지 않는다. 100명이 다짐해도 5명이 끊을까 말까 하는 수준이니 얼마나 힘든 일인지 짐작할 수 있을 것이다. 아마 이 5명마저도 어디가 아프거나 도저히 끊지 않으면 안 되는 상황이라서 끊은 경우가 반 이상일 것이다. 처음에는 굳은 마음으로 금연을 다짐하지만 안타깝게도 금단 증상이 찾아오면 이를 이기기가 쉽지 않다. 결국에는 3일을 넘기지 못하고 그 고비 앞에서 '딱 한 대만 피자' 하면서 허용하게 된다. 평소 흡연량에 따라 차이가 있을 수는 있지만 금단 증상은 보통 마지막 담배를 피운 후 2시간 이내에 생긴다. 긴장, 짜증, 집중력 저하, 졸림, 식욕 증가가 대표적인 증상이다. 원래도 짜증이 나고 불안할 때면 더욱 담배가 생각나는데 금단 증상까지 겹치니 담배 생각이 간절해질 수밖에 없다. 이런 악순환이 반복되면 더욱 중독에 빠지게 된다.

하지만 방법이 없는 것은 아니다. 먼저, 금연을 결심했다면 **금연 시작일을 정하는 게 좋다.** 꼭 그렇게 해야 한다는 건 아니지만 이렇게 날짜를 정해놓으면 금연을 할 확률이 통계적으로 높다고 한다. 그다음으로 할 일은 **담배를 버리는 것이다.** 담배가 몇 개피, 몇 갑이 있든 상관없이 아까워하지 말고 일단 다 버려야 한다. 정말 스트레스받을 때 하나씩만 펴야겠다는 생각에 서랍 깊숙이 숨겨두거나 손이 잘 닿지 않는 곳에 두는 사람들이 있는데, 이러면 언젠가는 다시 담배를 찾게 된다. 담배가 눈에 띄지 않게 완전히 버려야 한다는 것을 명심하자.

마지막으로 **담배를 가까이하는 습관적인 루틴을 바꿔야 한다.** 흡연자라면 누구나 담배를 자주 피우는 시간대와 장소가 정해져 있다. 흔히 '식후땡'이라고 하는 식사 직후 시간대, 아침 회의가 끝난 시점, 점심시간에 카페에서 나오는 시점, 퇴근하기 전 차에 타기 직전, 화장실 가기 전 등 디테일하게 보면 항상 반복되는 루틴이 있다. 이런 순간들을 조금씩 바꿔보자. 식사하고 나서 흡연 구역을 가는 대신 매점에 들러 과자를 하나 사 먹고 바로 양치를 한다든지, 아침 회의가 끝난 직후 껌을 씹는다든지 평소와는 다른 행동을 해보는 것이다. 사실 한국 사회에서는 학연, 지연, 혈연만큼 중요한 게 '흡연'이라는 말이 있을 만큼 동료들과 같이 담배를 피우며 이야기를 나누는 것이 일반화되어 있다. 그러나 늘 쳇바퀴처럼 같은 타이밍에 동료들과 흡연을 하던 루틴을 끊고 변화를 주는 것이 매우 중요하다. 담배를 계속 피우다 보면 우리 뇌의 니코틴 수용체가 활성화되면서 이전에 느꼈던 쾌감을 다시 찾으려는 습성이 생기고 중독이 된다. 이런 경우에는 담배 연기를 맡는 순간 흡연을 하고 싶은 생각이 절실하게 느껴질 수밖에 없으므로 애초에 담배를 멀리해야 한다. 이렇게 담배에 접근할 수 있는 환경을 차단해가면 흡연 유혹의 기회가 줄어들고 금연에 성공할 가능성이 더욱 커질 것이다.

전자담배도 담배일 뿐이다

요즘은 냄새가 심하지 않고 타르가 적게 들어 있다는 소문으로 인해 액상형, 궐련형 전자담배를 피우는 이들이 많다. 심지어 전자담배가 금연으로 가는 징검다리라고 생각하기도 한다. 과연 이것이 맞는 말일까? 기본적으로 일반 담배보다 냄새가 심하지 않다는 점 때문에 많은 사람들이 집이나 차 안에서 손쉽게 전자담배를 피운다. 그러나 전자담배를 피우면 일반 담배보다 장소의 제약이 적어 오히려 더 자주 피게 되고 결국 더 많은 양의 니코틴에 노출될 가능성이 높아진다. 이렇게 되면 담배에 대한 의존도가 더 심해질 수 있다. 담배 냄새를 싫어하는 사람을 만나기 전에 피워도 상관없다고 생각하니, 회의나 데이트 직전에 평소보다 한 대 더 피우고 가기도 한다. 전자담배 회사에서도 전자담배의 니코틴 양은 기존 담배와 거의 같아 비슷한 만족감을 준다고 말하는데, 만약 전자담배의 형태라서 더 자주 피게 된다면 금연과 점점 멀어지는 꼴이다. 결론적으로 전자담배는 기존 담배를 변형시킨 또 다른 형태의 담배일 뿐이다.

금연, 도움이 필요한 게 당연합니다

사실 통계 수치를 보면 알 수 있듯이 혼자서 담배를 끊기란 매우 어렵다. 우리는 주변 가족이나 친구들 중 금연에 실패하는 사람을 의지박약이라고 무시하거나 비하해서는 안 된다. 금연은 실질적으로 누가 하든지 어려운 일이다. 이러한 부정적 시선은 오히려 스트레스를 자극하고 자존감을 떨어뜨려 흡연 욕구를 불러일으킬 수 있다. 그 대신 담배를 혼자만의 의지로 끊을 수 있다는 생각을 버리고, 금연 클리닉 혹은 병원을 가게끔 독려해주는 것이 좋다. 전문가의 도움을 통해 금연을 시도했을 때는 약 10%가 성공했으며, 니코틴 패치와 껌 등의 대체 요법은 15%의 성공률을 보였다. 정신과 약물인 부프로피온, 바레니클린 등의 약물을 복용한 경우는 약 20~25%가 금연에 성공했다. 물론 이 세 가지 방법을 복합적으로 이용하면 성공할 수 있는 확률이 더 높아진다.

정부에서도 금연을 지원하는 다양한 정책을 내놓고 있으니 적극 활용해보자. 금연 상담 전화(1544-9030)는 전문 상담사가 금연 상담 및 프로그램을 제공하는 서비스다. 이외에도 전국 보건소와 군부대에서 열리는 금연 클리닉과 전국의 금연지원센터에서 제공하는 금연 캠프 및 찾아가는 금연 서비스가 있다. 국민건강보험공단에서는 병·의원에서 금연 치료를 받는 경우 일부 비용을 지원해준다. 국민건강보험공단 사이트에서 금연 치료를 담당하는 의료 기관을 찾아 방문하면 된다. 8~12주 동안 진료 상담과 금연 약, 니코틴 보조제 비용의 일부를 지원받을 수 있다.

『바벨』은 제국과 대륙에 대한 서사다.
언어는 권력이다. 때로 그것은 목숨, 욕망과
죽음에 대한 대한 것이기도 하다. - 〈타임즈〉

바벨
20개의 언어로 떠나는 세계 문명기행

가스통 도렌 지음 | 김승경 옮김 | 456쪽 | 23,000원

세계에 존재하는 약 6,500개의 언어 중 가장 널리 쓰이는 20개의 언어를 언어학을 기본으로 하여 문화적, 역사적, 사회적, 그리고 정치적 관점에서 살펴본다. 한 권의 문명 여행기와도 같은 이 책에서 어디서도 접하지 못했던 언어에 관한 다채롭고 흥미로운 이야기들을 만나보자.

"인구는 무엇보다 중요하고 언제나 그래왔다"
모든 역사적 사건의 배경에는
'인구'가 있다

인구의 힘
무엇이 국가의 운명을 좌우하고
세계사의 흐름을 바꾸는가

폴 몰랜드 지음 | 서정아 옮김 | 18,000원

모든 역사적 사건의 기저에는 바로 '인구'가 있다. 인구의 변화를 면밀히 살피다 보면 세계사의 변곡점마다 인구가 결정적인 요소로 작용했다는 점을 알 수 있다. 이 책은 세계사적 큰 변화에 주요한 역할을 했음에도 불구하고 그간 저평가되어왔던 인구 문제를 다룬 최초의 대중서다.

대
윤
고
소

헤
한
하유
인긴
수영

여신
비너
베터
신화
아름

사지
나만
정희선
제품에
모닝커

카카
핀테크
김강원
더 이상
금융의

"당신의 투자 포
비트코인에
디지털 자산

새로운 시대의 부

정구태 지음 | 216쪽 | 16,0

비트코인과 이더리움
라의 비트코인 매수
서도 게임회사 넥슨이
자산시장의 거대한
투자해야 하는가? 이

플
브
쿠팡
먼저
무엇
김병
16,

정형외과 전문의
이시영

물건 좀 날랐더니 팔꿈치가 아프네요

점심식사를 마치고 시계를 보니 어느덧 12시 40분이다. 커피를 마시며 잠깐의 여유를 즐기던 C 대리는 이제서야 팔꿈치가 아프다는 걸 눈치챘다. 허겁지겁 출근해 바쁘게 오전 일정을 소화하다 보니 잘 느끼지 못했던 통증이 한꺼번에 몰려온 것이다.

'설마 아까 택배 상자 좀 날랐다고 아픈 건가?'

C 대리는 무거운 물건을 들었는데 왜 손목이나 허리가 아

닌 팔꿈치가 아픈지 이해가 되지 않았다. 병원에 가니 의사가 더욱 당황스러운 이야기를 한다. 병명이 '테니스 엘보Tennis elbow'라는 것이다. 평소 테니스는커녕 걷기 운동도 제대로 못 하던 C 대리는 왜 이런 병을 얻게 된 걸까?

팔꿈치 통증이 생기는 이유

팔꿈치 통증은 허리나 어깨 통증보단 덜 흔한 편이지만, 통증의 강도가 세고 오래가는 경우가 많아 상당히 거슬리고 불편하다. 최근 스포츠와 같은 여가 활동을 즐기는 사람들이 많아지면서 팔꿈치 통증을 호소하는 환자가 늘어났다. 문화체육관광부에서 매년 실시하는 '국민생활체육조사' 결과에 따르면 2015년만 해도 생활체육 참여율은 56%였으나, 2019년에는 66.6%까지 상승했다. 즉, 이제는 3명 중 2명이 생활체육을 즐기고 있다는 말이다. 이들은 주로 퇴근 후나 주말에 스포츠 활동을 한다고 응답했다. 걷기나 등산을 하는 사람들이 가장 많았고, 헬스, 요가, 필라테스를 즐기는 사람들의 수가 그 뒤를 이었다. 이외에 스쿼시, 사이클, 축구, 골프, 배드민턴 등 다양한 운동들이 비슷한 비율로 상위 10위 종목을 차지했다.

그런데 이러한 운동 중에서 라켓이나 바벨처럼 기구를 쓰는 운동은 팔꿈치 염증을 일으킬 가능성이 매우 높다. 건강해지려고 시작한 운동이 아이러니하게도 건강을 해칠 수도 있는 것이다. 그렇다고 스포츠 활동 자체가 팔꿈치 통증의 원인은 아니니 운동을 멀리할 필요는 없다. 다만 잘못된 동작이나 자세를 피하고 무리한 운동을 자제해 건강하고 올바르게 운동해야 한다. 꼭 운동이 아니더라도 직업적 특성 때문에 팔꿈치 통증이 생기기도 한다. 특히 무거운 물건을 많이 드는 직업일수록 팔꿈치 통증 발생률이 높다.

테니스 엘보와 골프 엘보

팔꿈치 통증을 일으키는 질환은 다양하지만, 가장 대표적인 질환은 흔히 '테니스 엘보'라고 부르는 외측 상과염과 '골프 엘보'라고 부르는 내측 상과염이다. 테니스 엘보가 골프 엘보보다 더 많이 발생하는 편이다. 두 질환 모두 스포츠와 관련된 이름이 붙어 있어 자주 오해를 산다. 처음 병명을 듣고서 '나는 평소에 테니스 라켓도 들어보지 못했는데, 왜 테니스 엘보에 걸린 거지?' 혹은 '골프장 근처에도 가본 적이 없는데 골프 엘보라니'라고 생각할 수 있다. 하지만 이 질환들은 특정 스포츠 활동보다는 잘못된 습관이나 반복된 동작으로 인해 발생한다. 실제로 골프를 쳐서 골프 엘보가 발생한 환자는 10명 중 1명도 되지 않는다. 테니스 엘보와 골프 엘보 모두 팔을 과하게 사용하여 반복적인 동작을 하다가 인대에 미세한 파열이 일어나는 질환이다. 작은 충격이 반복되고 쌓이면서 통증이 생기는 원리다. 손목을 위로 꺾거나(신전) 아래로 꺾는(굴곡) 동작을 할 때 쓰이는 근육들이 팔꿈치 뼈 바깥쪽과 안쪽에 인대 형태로 붙어 있기 때문에 손목을 과하게 사용할 경우 이 부위가 손상되기 쉽다.

손목을 움직여보면 간단하게 자가 진단을 할 수 있다. 팔꿈치를 90도로 접고 손목을 뒤로 꺾었을 때 팔꿈치 바깥쪽이 아프면 테니스 엘보, 반대로 손목을 아래로 꺾었을 때 팔꿈치 안쪽이 아프면 골프 엘보일 가능성이 높다. 하지만 비슷한 증상을 일으키는 질환은 다양하니 통증이 지속되거나 또 다른 증상들이 동반된다면 병원에서 진료를 받자.

잘 쉬어야 빨리 낫는다

다행히 테니스 엘보와 골프 엘보는 손상을 주는 반복된 동작을 피하고 활동을 자제하면 자연스럽게 낫는다. 1년 안에 90% 이상은 호전된다고 알려져 있지만, 계속 반복했던 동작을 몇 개월간 하지 않고 기다리는 것이 그리 쉽지만은 않다. 나 또한 농구, 골프, 서핑, 달리기처럼 다양한 스포츠 활동을 좋아하다 보니 이런 부상 위험에 노출되어 있었다. 특히 골프를 배우다가 테니스 엘보로 꽤 오래 고생을 했다. 처음에 팔꿈치 통증이 있었을 때 참을 만하다고 생각해 약을 먹으면서 계속 골프 연습을 했고, 결국 통증이 악화되어 완전히 쉬어야 하는 지경에 이르렀다. 그제야 정신을 차리고 3개월을 푹 쉬면서 매일 마사지를 하고, 근육 이완 스트레칭을 꾸준히 했더니 통증이 사라져서 다시 운동을 할 수 있었다.

하지만 가끔 헬스장에서 근력 운동을 하다가 무리해서 무거운 무게를 들 때 통증이 재발하기도 한다. 그럴 땐 곧바로 무게를 낮추고 가벼운 무게로 운동을 하거나 다른 신체 부위 운동으로 변경하여 팔꿈치를 쉬게 해준다. 비록 지금은 3개월 동안 치료하여 괜찮아졌지만, 처음에 '난 정형외과 의사인데, 내 몸은 내가 알지'라는 바보 같은 생각으로 병을 키웠고, 결국 하지 않아도 될 경험을 했다. 많은 사람들이 이처럼 통증이 와도 가볍게 넘기곤 한다. '아픈 것 같긴 한데, 곧 괜찮아지겠지'라며 몸이 보내는 신호들을 무시하면 만성 질환으로 발전할 수 있다. 그러니 통증을 가볍게 보지 말고 제때 잘 쉬어주어야 한다.

테니스 엘보와 골프 엘보 치료에서 가장 기본적이면서 중요한 부분은 활동을 자제하고 휴식을 취하는 것이다. 그 외에 움직임을 줄여주는 보조기를 사용하거나, 통증이 심할 경우 소염 진통제를 처방할 수도 있다. 보조적인 요법과 더불어 마사지, 스트레칭을 같이 해주면 더욱 효과적이다. 치료에 도움이 되는 마사지와 스트레칭 방법을 소개하니 틈틈이 따라 해보자.

✳ 테니스 엘보와 골프 엘보 치료에 좋은 마사지

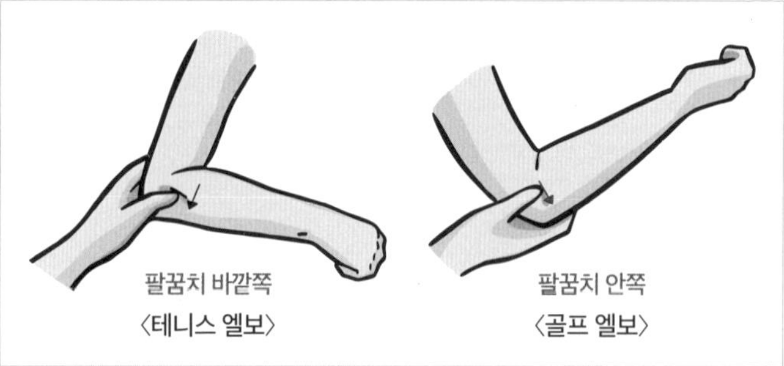

팔꿈치를 90도로 구부린 상태에서 반대쪽 엄지손가락을 화살표 방향으로 깊게 눌러서 쓸어내리듯이 마사지해준다. 이때 중요한 것은 위에서 아래로 쓸어내린 다음 다시 올라갈 때 피부에서 손가락을 떼지 않고 힘을 뺀 상태로 원래대로 돌아가서 누르면서 내려오되, 한 방향으로 마사지를 해주는 것이다. 1세트에 30회씩, 하루에 3~5세트는 해주는 것이 좋다. 좌측은 테니스 엘보, 우측은 골프 엘보가 있을 때 하면 좋은 마사지이고, 둘 다 동일한 원리로 화살표 방향으로 지그시 쓸어내리듯이 눌러주면서 마사지를 하면 된다.

다음은 스트레칭 방법이다. 먼저 팔을 쭉 펴고 손바닥을 내 몸을 향하게 한다. 반대편 손으로 손등을 잡아 몸 쪽으로 지그시 당겨주고 약 20초간 유지한다. 그다음 손바닥이 몸 바

✳ 팔꿈치 이완 스트레칭

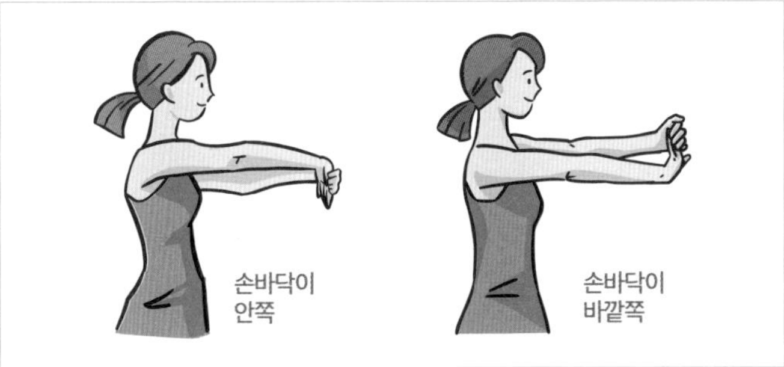

깥 정면을 향하게 하여 반대 손으로 손바닥을 잡고 당겨준다. 마찬가지로 약 20초간 유지한다. 이 동작들을 2~3회 반복해 주면 된다. 이 동작은 통증이 있는 팔꿈치 쪽 손목을 반대편 손으로 수동적으로 내리고 올리면서 관련 근육을 이완시켜주는 스트레칭이다. 마사지와 함께 시행하면 치료에도 도움이 되고, 운동하기 전에도 해주면 부상을 예방할 수 있으니, 꼭 따라 해보자.

앞서 테니스 엘보와 골프 엘보는 자연스럽게 치유가 된다고 설명했지만, 아무래도 같은 운동을 다시 하거나 직업 특성상 특정 동자을 반복할 수밖에 없다면 만성 질환이 되고 재발할 가능성이 높다. 그러니 처음부터 운동을 할 때 그리고 무거운 물건을 들 때 미리 스트레칭과 준비운동을 하는 것이 매우 중요하다. 초심자일수록 무리하지 않고 올바른 자세를 배워 미연에 부상 위험을 줄여야 한다. 일상생활을 하든 운동을 하든, 내 몸이 보이는 반응에 항상 관심을 기울이고 올바르게 대처해야 진정으로 건강해질 수 있을 것이다.

재활의학과 전문의
이의창

오래 앉아 있거나, 오래 서 있거나, 오래 말하거나

정신없이 일을 처리하다가 무심코 시계를 보니 점심시간은 이미 훌쩍 넘어간 뒤였다. B 차장은 출근 후 계속 같은 자세로 업무를 봤더니 허리가 쑤셨다. 잠시 자리에서 일어나 몸을 움직이려는 그때 허리에 강한 통증이 느껴졌다. 원래도 허리가 한 번씩 아팠지만 허리부터 시작해 엉덩이와 다리까지 저리고 힘이 빠지는 느낌은 처음이었다. 순간 머릿속에 허리 디스크로 고생했던 직원들의 모습이 스쳐 지나갔다.

"설마 나도 허리 디스크인가?"

살면서 한 번이라도 허리가 아파본 적이 있는가? 그렇다면 이번 이야기를 주의 깊게 볼 필요가 있다. 한 통계에 따르면 우리나라 전체 인구 중 약 80%가 최소 한 번 이상 허리 통증을 경험해봤다고 한다. 실제로도 통증 때문에 병원을 찾는 환자들 중에 허리 통증으로 내원하는 사람들이 가장 많다. 그래서인지 허리 건강에 대한 관심은 시간이 지나도 식을 줄 모른다. 지금도 서점에 가면 허리 건강에 관련된 수많은 서적을 찾아볼 수 있다. 그런데 왜 이렇게 많은 사람들이 허리 통증을 경험하는 것일까? 이를 이해하려면 먼저 허리가 어떤 원리로 몸을 지탱하고 있는지 알아야 한다.

척추가 바로 서야 허리 압박이 줄어든다

건물에도 기둥이 있듯이 우리 몸에도 '척추'라는 기둥이 있다. 척추는 목부터 등, 엉덩이 쪽까지 연결된 뼈로, 우리 몸을 지탱해주는 중요한 역할을 한다. 그런데 인간은 포유류 중에서 몇 안 되는 직립 보행을 하는 생명체이기 때문에 척추에는 늘 하중이 실릴 수밖에 없다. 현대인들은 보통 앉아 있거나 서 있

✳ 자세별 허리 압력 수준

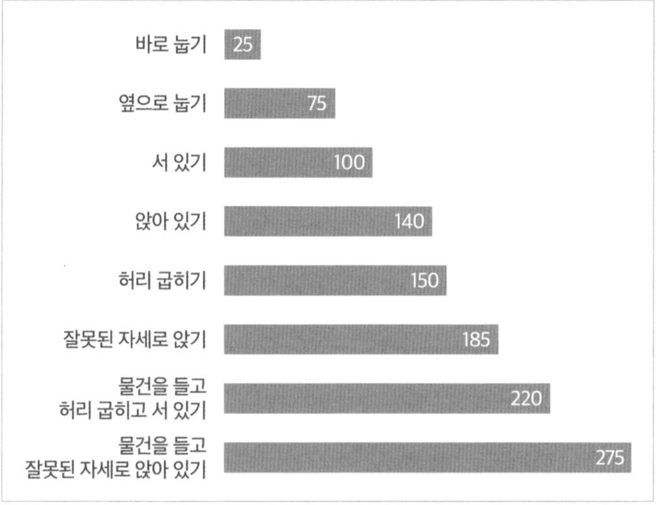

거나 한 자세를 오랜 시간 유지하는데, 이러한 자세는 척추에 큰 부담을 준다. 위 그래프는 자세의 변화에 따라 척추에 얼마나 큰 부하가 가해지는지 그 정도를 나타낸 것이다.

가만히 서 있을 때는 편하게 누워 있을 때보다 허리에 4배 높은 부하가 가해지며, 앉아 있을 때는 4~5배가량 높은 압박이 가해진다. 서 있거나 앉은 상태에서 허리를 앞으로 구부리는 동작 혹은 무거운 물건을 드는 동작을 하면 허리에 가해지는 압박은 10~20배 이상 증가한다. 우리 척추는 원래 일정한 정렬을 유지하고 있어 이렇게 받은 압력을 적절히 분산시킨다. 기둥을 이루는 뼈 사이사이에 쿠션 역할을 하는 물렁한 조직인 디스크와 척추후관절, 그리고 주변의 근육과 인대 같은 구조물들이 척추를 지지하고 안정화시켜준다.

그런데 목이나 허리에 계속 과도한 압박이 가해지면 척추 정렬이 망가지고, 디스크 변성이 일어난다. 변성된 디스크는 그 자체로도 염증 유발 물질들을 분비하지만, 더 큰 문제는 원래 자리에서 빠져나온 디스크가 물리적으로 신경을 압박해 신경에 염증 반응과 통증을 유발한다는 점이다. 이것이 우리가 흔히 '디스크'라고 하는 '추간판 탈출증'이다. 척추 정렬이 망가지면 척추후관절에도 관절염이 생겨 주변 근육과 인대가 긴장하고, 이차적인 통증까지 유발된다. 허리 통증과 관련된 질병으로는 이외에도 척추관이 좁아져 신경을 압박하는 척추관 협착증, 퇴행성 변화 혹은 골절로 인해 척추 위 뼈가 아래 뼈보다 튀어나오는 척추 전방 전위증, 척추가 휘고 뒤틀리는 척추 측만증, 앞으로 굽어지는 척추 후만증 등이 있다.

이처럼 허리에 문제가 생기면 큰 통증이 발생하는데, 이 통증은 단순히 허리에만 국한되지 않는다. 질환이 발생한 부위에서 다른 부위로 통증이 전달되는 방사통이나 연관통이 발생하면 허리에 문제가 있어도 엉덩이나 다리 혹은 발끝까지 통증이 생길 수 있다. 통증의 양상은 뻐근함, 결리는 느낌, 쑤심, 전기가 통하는 것 같은 찌릿함, 날카로운 통증, 말로 표현하기 힘든 불편감, 저림, 이상감각, 감각저하 등으로 다양하게 나타난다. 병이 많이 진행된 경우엔 다리나 발목 근력이 떨어져 보행에도 문제가 생길 수 있고, 대소변 조절 장애가 생길 수도 있다.

허리 통증, 바른 자세로 고칠 수 있다

허리에 문제가 생기면 다양한 증상과 질환이 나타날 수 있다. 하지만 그 어떤 증상이든 허리 통증을 치료하는 가장 중요한 방법은 잘못된 자세와 생활 습관을 교정하는 것이다. 보통 갑자기 심한 충격을 받아 급성 손상이 오는 경우보다 작은 손상이 축적되어 만성 통증이 되는 사례가 더 흔하다. 즉, 허리는 한순간이 아니라 서서히 망가지는 것이다. 젊은 나이일수록 빨리 자세를 교정하는 것이 좋다. 아직 고령자들에 비해 퇴행성 변화가 덜 진행된 사람들이 많기 때문이다. 대부분 생활 습관 교정만으로도 통증이나 불편감을 현저히 감소시키고 병의 진행을 막을 수 있다. 바른 자세를 유지하는 것은 쉽게 말해서 기초 공사를 튼튼히 하는 작업이다. 척추는 나도 모르는 사이에 천천히 변형된다. 나쁜 자세로 오랜 시간 있으면 척추뿐만 아니라 디스크, 근육, 인대 등에 무리가 가서 통증을 유발할 수 있다. 그렇다면 올바른 자세란 어떤 것일까?

척추 정렬의 관점에서 바르고 좋은 자세는 옆에서 봤을 때 귀부터 어깨, 무릎, 발목이 일직선상에 있는 자세다. 즉, 턱은 약간 몸 쪽으로 당긴 상태에서 양 어깨가 안으로 말려 있지 않도록 가슴은 당당하게 펴고 엉덩이가 너무 뒤로 빠지지 않도록 배에 살짝 힘을 줘야 한다. 의자에 앉을 때에는 의자 뒤에 등을 바짝 붙이고 앉아서 어깨에는 자연스럽게 힘을 풀고 가슴을 펴야 한다. 모니터를 눈높이에 맞도록 조절해야 허리가 구부러지고 목이 앞으로 빠지는 것을 예방할 수 있다. 우리 몸은 보통 바른 자세가 익숙하지 않다. 그렇기에 더 의식적으로 바른 자세를 하도록 신경 써야 한다.

여기서 주의할 점이 하나 있다. 자세가 바르면 오랜 시간 같은 자세를 유지해도 좋다고 여기는 사람들도 있는데, 이는 잘못된 생각이다. 아무리 좋은 자세라도 한 자세로 계속 있으면 근육이 뭉치고 관절이 굳어 통증이 발생할 수 있다. 앉아서 컴퓨터 작업을 할 때는 키보드를 최대한 몸 쪽으로 붙이는 게 좋다. 키보드가 몸에서 멀리 떨어져 있으면 팔을 자연스럽게 뻗게 되는데, 이런 자세로 오래 있으면 의식하지 못한 사이에 어깨와 등이 굽어 라운드 숄더가 되기 쉽다.

업무 시간 중간중간에 최소 1시간에 한 번씩은 자리에서 일어나서 잠깐이라도 돌아다니는 것이 좋다. 한 자세를 오래 유지하면 근육이 긴장해서 뭉치고 통증이 유발되며, 척추 배열에도 문제가 생겨 거북목, 라운드 숄더, 척추 후만증과 같은 신체 변형이 일어날 수 있다.

운동으로 허리 챙기기

꾸준한 운동도 허리 건강을 지키는 데 매우 중요하다. 우리 허리에는 척추를 받쳐주는 천연 복대인 코어 근육(복근, 척추기립근, 골반기저근 등)이 있다. 척추를 안정화시키는 근육이 약해지면 척추에 무리가 많이 갈 수밖에 없다. 대표적인 코어 운동으로는 플랭크와 브릿지가 있다. 코어 운동을 하면 허리 주변 근육이 강화되어 이 근육이 척추를 단단하게 잡아준다. 하지만 코어 근육 운동은 짧은 시간에 드라마틱한 효과를 기대하기는 어렵고 꾸준히 해야 효과를 볼 수 있으니, 포기하지 말고 허리 건강을 위해 틈틈이 코어 근육을 단련시켜야 한다.

허리 통증이 심할 때는 어떻게 해야 할까? 만약 급성으로 허리 통증이 악화됐다면 천장을 보고 가만히 누워서 쉬는 게 좋다. 긴장된 허리의 근육이 이완되며 척추의 부하도 줄일 수 있기 때문이다. 하루 이틀 정도는 누워서 쉬는 게 좋지만 너무 오래 누워 있으면 허리 근육이 약화되어 오히려 척추 건강을 해칠 수 있으니 주의해야 한다. 마지막으로 시중에 나와 있는 자세 교정기에 관해 언급하려 한다. 사용하기만 하면 무조건 통증을 없애준다고 광고하는 제품들이 있는데, 이런 기구에 의존하려는 생각은 가급적 하지 않길 바란다. 물론 자세 교정기가 척추 교정이나 통증 완화에 일부 도움이 될 수는 있으나, 의학적인 근거는 부족한 경우가 많다.

직장인의 오후

사무실에
건강의 적이 있다!

내과 전문의
이응현

점심 먹고 나서 계속 속이 쓰려요

"아, 속 쓰려."

"위염 아냐? 혹시 모르니까 병원 가서 내시경 해봐."

"됐어, 요즘 위염 없는 직장인이 어디 있겠어. 이러다 말겠지."

C 대리는 매일 점심식사 후에 동료들과 커피를 마신다. 기름지고 자극적인 음식을 먹고 난 후 달달한 커피까지 마시면 스트레스가 조금 풀리는 듯하다. 하지만 오후 시간이 되면 어김없이 속이 쓰리고 신물이 올라와 불편하다. C 대리는 점심 때

먹은 커피 때문에 속이 쓰린 거라 생각했지만, 가만히 기억을 떠올려보니 아침에 일어났을 때나 자기 전에도 속 쓰림은 계속 있었다. 대수롭지 않게 넘기려던 C 대리는 문득 이대로 가다가 위염이 심해져 위암으로 발전하는 건 아닌지 걱정이 들기 시작한다.

속이 쓰리다는 것은 복통의 증상 중 하나다. 복통을 겪는 사람들은 흔히 속이 쓰리다, 속이 탄다, 도려내는 느낌이다, 쑤신다, 아린다, 신물이 올라온다 등 여러 방식으로 통증을 표현한다. 속 쓰림의 원인은 다양하다. 약이나 음식에 의한 위의 통증, 신경성 위염, 소화성 궤양(십이지장궤양, 위궤양), 역류성 식도염, 악성 종양과 같은 소화성 질환이 원인인 경우가 대부분이다. 하지만 가슴 쪽의 통증이 동반된다면 소화기 계통의 문제가 아닌 폐와 심장의 문제일 수 있다. 따라서 상복부나 가슴 쪽의 통증이 소화계의 문제라고만 생각하기보다는 병원에 방문하여 심장이나 폐의 문제는 아닌지 문진을 받는 것이 현명하다.

직장인들의 고질병, 위염과 역류성 식도염

먼저 속 쓰림을 일으키는 대표적인 질환인 위염에 대해서 알아보자. 위염은 다양한 원인으로 위 점막이 손상되고 염증이 생긴 상태를 말한다. 위는 강한 산성 물질인 위액을 분비하여 음식을 소화시킨다. 우리 몸에는 위 점막을 위액으로부터 보호하기 위한 방어 기전이 존재한다. 정상적인 상태라면 문제가 되지 않지만, 위액이 과도하게 분비되거나, 위 점막의 방어 기전이 약해지고 약이나 음식에 의해 위 점막의 보호 기능이 떨어지게 되면, 상처가 생기고 염증이 발생한다.

위염은 직장인들의 고질병이라고 불릴 만큼 많은 현대인들이 앓고 있는 질환이다. 주로 과음, 흡연, 폭식, 과식과 같은 잘못된 식습관으로 인해 발생하기 때문에, 비슷한 생활 습관과 패턴을 가진 직장인들에게서 자주 나타난다. 하지만 이외에도 헬리코박터균 감염이나 아스피린, 소염 진통제와 같은 약물 섭취도 원인이 될 수 있으니 정확한 진단을 위해서는 검사가 필요하다. 다른 세균 및 바이러스성 감염, 자가 면역성, 담즙 역류나 수술, 화상, 고열, 급성 심장 질환과 같은 신체적 스트레스도 위염을 일으킬 수 있다.

위염의 증상에는 대표적으로 속 쓰림, 거북함, 소화불량,

구역, 구토 등이 있다. 위염에서 더욱 상태가 심해지면 심각한 상복부 통증을 유발하는 소화기 궤양으로 발전한다. 위 혹은 십이지장에 궤양이 발생했다는 것은 점막층이 과도하게 손상되어 점막이나 점막 아래 근육층까지 완전히 드러났다는 의미다. 궤양이 치료되지 않은 채로 지속되면 위에 구멍이 뚫리는 천공이 발생하여 큰 위험에 처할 수도 있다. 위궤양은 헬리코박터균에 감염되었을 때, 스트레스가 지속되고 위산이 과다 분비되거나 점막 재생이 불량할 때, 흡연이나 기타 혈관 장애로 점막 세포 재생이 제대로 이루어지지 않을 때 발생한다. 위궤양은 위염보다 증상이 더욱 심하게 나타나며, 상태가 악화되면 선명한 붉은 피를 토하거나 검은 변을 보기도 한다.

역류성 식도염도 속 쓰림의 대표적인 원인이다. 역류성 식도염은 강한 산성인 위액이 여러 가지 원인으로 식도로 역류하여 식도 점막에 염증을 일으키는 질환이다. 심하면 식도 점막에 영구적인 변화를 일으켜 식도암을 일으킬 수도 있기에 주의가 필요하다. 늦은 시간에 음식을 먹는 습관, 먹고 바로 눕는 습관이 있는 많은 현대인들이 이 질환으로 고통받고 있다. 역류성 식도염은 주로 밤에 상복부 속 쓰림이 더욱 심해지는 특성이 있는데, 이는 누워 있는 자세에서는 위의 내용물이 식도로 역류하기가 더 쉽기 때문이다.

속 쓰림, 어떻게 해야 하나요?

속 쓰림의 원인을 명확하게 확인하려면 소화기 내과를 방문해야 한다. 병원에 방문하면 의사는 속 쓰림을 일으킬 수 있을 만한 상황이 있었는지 몇 가지 질문을 한다. 간단한 피검사 이후 엑스레이 촬영을 할 수도 있다. 그중에서도 가장 정확하게 원인을 밝혀낼 수 있는 검사는 식도-위-십이지장 내시경이다. 내시경은 상부 내시경과 하부 내시경으로 크게 나뉘는데, 식도와 위, 십이지장을 확인하는 것을 상부 내시경, 직장, 대장 쪽을 확인하는 것을 하부 내시경이라고 한다. 상부 내시경을 할 때는 식도와 위, 십이지장을 카메라를 통해 확인하고 이상이 있으면 그 즉시 진단 목적으로 조직 검사를 한다. 필요할 경우 치료까지 병행할 수도 있다.

위염, 위궤양이나 역류성 식도염 진단을 받으면 각 질환에 알맞은 방법을 선택하여 치료하는 것이 원칙이다. 다만 위 관련 질환은 잘못된 생활 습관과 식습관을 교정하는 것이 매우 중요하다. 먼저, 충분한 휴식을 취해야 한다. 과중한 스트레스를 받으면 몸에서 스트레스 호르몬이 분비되어서 위 점막을 손상시킬 수 있다. 적절한 식사량을 유지하고 규칙적인 식사 시간을 준수하는 것이 속 쓰림을 완화하는 데 큰 도움이 된다. 과식을 하거나 야식을 자주 먹는 습관은 버려야 한다. 맵고 짠 음식, 기름진 음식은 역류성 식도염을 악화시키니 되도록 피하자. 술과 담배도 위산 분비를 촉진시켜 위염을 악화시키기 때문에 피해야 하며, 위 점막을 손상시키는 카페인이 함유된 커피나 에너지 드링크도 줄여야 한다. 소염 진통제, 스테로이드, 아스피린을 복용할 때는 반드시 위 보호제와 함께 복용해야 한다.

생활 습관 교정만으로 속 쓰림이 해결되지 않을 때는 약물 치료를 병행한다. 위산 분비를 억제하고 점막 치유를 돕는 약물들을 사용하여 염증을 감소시키고 증상을 완화시킨다. 또한 위 점막이 자극에 의해서 쉽게 손상되지 않게 보호하는 약물들을 함께 투여할 수 있다. 헬리코박터균 감염이 확인된 경우에는 항생제와 약물을 통해 균을 제거한다.

현대인에게 속 쓰림은 누구나 한 번쯤 경험하는 흔한 증상이 됐다. 하지만 속이 쓰리고 아프면 일에 집중하기도 어렵고, 통증이 반복되면 삶의 질이 확 떨어진다. 식습관을 적절히 개선하고 스트레스를 관리하는 것만으로도 훨씬 나아질 수 있으니 지금부터 관리하자.

Q 위염과 역류성 식도염이 있을 때 꼭 피해야 할 음식이 무엇인가요?

A 맵고 짠 음식, 기름진 음식은 기본적으로 위에 좋지 않아요. 그 외에도 초콜릿, 과다한 양의 커피, 탄산음료, 오렌지 주스 등이 역류성 식도염을 악화시킬 수 있습니다. 음식은 아니지만 담배, 술 또한 위염과 역류성 식도염을 악화시키므로 줄여야 합니다.

Q 위염과 역류성 식도염의 차이가 무엇인가요?

A 위염은 위에 발생하는 염증 질환이고 역류성 식도염은 위액으로 인한 식도의 염증을 뜻하는 말이에요. 위염이 있다고 무조건 역류성 식도염이 있진 않으며, 역류성 식도염이 있다고 반드시 위염이 생기지는 않습니다. 둘의 발생 원인과 위치는 다릅니다. 따라서 질환에 따라 치료의 방향도 달라지게 됩니다.

Q 위염이 심해지면 위암으로 발전할 수도 있나요?

A 네, 위염이 심해지면 위궤양으로 발전할 수 있고, 점막에 변화가 생겨 위암이 될 가능성이 있어요. 하지만 그 확률이 높지는 않습니다. 위염의 원인 중 하나인 헬리코박터균이 위암을 일으키는 또 하나의 원인이 됩니다. 헬리코박터균 보균자가 제균 치료에 성공하면 위암 발생 위험이 1/4로 감소한다는 연구가 있습니다. 위염이 있다면 검사를 통해 헬리코박터균이 있는지 확인 후 발견되었을 시 반드시 제균 치료를 하시는 것이 좋습니다.

피부과 전문의
김태한

메말라가는 사무실, 메말라가는 C 대리

달달한 커피로 멍한 두뇌를 달래보지만, 사무실에서 모니터와 씨름하는 것은 쉬운 일이 아니다. 숨 돌릴 틈 없이 일하다가 문득 거울을 보는데, 얼굴이 건조하다 못해 푸석푸석하다. 눈은 뻑뻑하고 빨갛게 충혈되어 있다.

사무실은 어쩌면 우리가 가장 오래 머무르는 장소일지도 모른다. 야근에 주말 출근까지 하는 직장인이라면 더욱 그러하리라. 사무실에서 워낙 많은 시간을 보내고, 집중하여 일을 해야 하다 보니 모두가 보다 쾌적한 환경을 만들고 싶은 바람이 있을 것이다. 그래서인지 사무실에서는 조금만 추워도 히터를 켜고, 조금만 더워도 에어컨을 켠다. 그런데 추위를 없애려고 빵빵하게 틀었던 히터가 사무실 공간을 사하라 사막보다 더 메마르게 할 수 있다는 사실을 아는가?

피부에는 적당한 수분이 필요하다. 수분이 너무 많으면 짓무를 수 있고, 너무 적으면 건조해서 갈라지기 십상이다. 많은 직장인들이 나름의 방법대로 건조해진 피부를 가꾸려고 노력한다. 하루에 물을 2L씩 마시기도 하고, 미스트를 가지고 다니면서 수시로 얼굴에 뿌리기도 한다. 사무실 책상에 자그마한 미니 가습기를 두고 썼다가 금방 망가졌던 경험도 다들 한 번쯤 있을 것이다. 그런데 이러한 방법들이 정말 효과가 있을까? 여기서는 나름의 생각은 잠시 내려놓고, 우리의 소중한 피부를 지키기 위해 전문가의 조언을 참고해보자.

피부 수분을 빼앗기지 않는 법

우리 몸의 70%는 물로 이루어져 있다. 이 물은 소변, 땀, 호흡 등을 통해서 꾸준히 외부로 배출되는데, 눈에 보이지 않게 우리 피부를 뚫고 증발하는 수분도 있다. 피부 보습의 첫 번째 원칙은 이러한 '경피 수분 손실'을 줄이는 것이다. 경피 수분 손실이란 쉽게 말해서 건조한 상태가 지속되어 피부에 있는 수분이 사라지는 것을 의미한다.

수분 증발을 막으려면 피부에 있는 수분이 날아가지 못하도록 막을 씌우는 작업이 필요하다. 로션이나 크림 같은 보습제가 이 역할을 해준다. 피부를 보호하는 막은 끈적할수록 효과가 좋기 때문에 로션보다는 크림이, 크림보다는 오일이 건조함을 해결하는 데 도움이 된다. 끈적이는 보습제를 싫어하는 사람이 많지만 수분 증발을 막기 위해서는 이런 제품이 더 효과적이다. 대체로 유럽이나 미국 브랜드의 보습제가 끈적임이 더 심한데, 이는 서양인이 동양인보다 피부가 건조하기 때문이다. 그러니 평소에 건조한 피부가 고민이었다면 끈적이는 제형의 보습제를 바르는 것이 좋다. 다만 끈적이거나 오일이 많을수록 피부 트러블이 날 수 있으니 트러블이 많은 피부 타입이라면 중간 정도 제형으로 절충안을 찾도록 하자. 그리고 보습제로 형성된 막은 시간이 지나면서 자연히 흡수되거나 닦이기 때문에 수시로 덧발라줘야 한다.

피부가 건조한 편이라면 손 보습에도 신경을 써야 한다. 특히 겨울철에는 감기 예방을 위해 손을 자주 씻는데, 손을 씻으면 세균과 함께 피부를 지켜주는 보습 성분과 기름기마저 사라진다. 손이 잘 트는 사람은 장갑을 사용하는 등 최대한 손이 더러워지는 상황을 피하고, 불가피하게 손을 씻어야 한다면 씻은 후에 꼭 핸드크림을 발라 보습을 하자. 손을 씻는 대신 손 소독제를 사용하는 것도 좋은 방법이다. 보통 손 소독제에는 보습 성분이 포함되어 있기 때문에 비누로 씻는 것보다는 문제를 일으킬 확률이 적다.

피부 건조에 관한 오해와 진실

첫째, 책상에 미니 가습기를 놓으면 건조한 피부를 보호할 수 있다?
겨울철 히터나 여름철 에어컨은 피부를 건조하게 만드는 주범이다. 보습제를 잘 발라주는 것도 중요하지만 적정한 습도를 유지해야 피부를 보호할 수 있다. 안타깝지만 주먹 크기만 한 가습기를 책상에 놓는 것은 크게 도움이 되지 않는다. 없는 것보다는 낫겠지만 미니 가습기는 6평짜리 원룸에서도 효과를 보기 어려울 정도로 가습 효과가 크지 않다. 오히려 젖은 수건을 주변에 널어놓는 게 나을지도 모른다. 만약 널어놓은 젖은 수건이 빨리 마른다면 우리 피부도 똑같이 메마르고 있다는 사실을 명심하자. 그리고 미니 가습기는 얼굴 쪽으로 틀어놓게 되면 물방울이 피부에 맺히고 증발하면서 피부 건조감을 더 악화시킬 수 있다.

요즘은 습도를 확인할 수 있는 휴대폰 앱이나 가전제품도 많으니 실내 습도를 확인해보는 것도 좋다. 보통 겨울철 실내 습도를 50% 정도는 유지해야 하는데, 사무실 습도는 10~30%에 그치는 경우가 많다. 습도를 50%까지 끌어올리려면 어떻게 해야 할까? 사무실 평수에 맞는 대용량 가습기가 필요하다. 가습기로 실내 습도를 조절하여 피부가 메마르지 않도록 주의하자.

둘째, 물을 많이 마시면 피부가 촉촉해진다?

흔히들 물을 많이 마시면 피부까지 수분이 공급될 거라고 오해를 한다. 그런데 물을 얼마나 마시는지는 피부 상태와 직접적인 관련성이 없다. 물을 마셔서 피부 건조가 해결될 수 있다면 이미 '마시는 피부 보습제'라며 물과 관련된 광고가 쏟아져 나왔을 것이다. 피부에 도달하는 수분의 양은 몸속 장기들이 세밀하게 조절하고 있어서 피부는 항상 일정한 양의 수분을 유지한다. 탈수에 이를 정도로 부족한 상황이 아니라면 말이다. 따라서 피부 건조를 해결하려면 물을 마시는 것보다 가습기로 적절한 실내 습도를 맞춰주는 것이 더 효과적이다.

물론 물을 충분히 마시는 것은 건강 관리에 도움이 된다. 하지만 물을 많이 마셨기 때문에 피부까지 수분이 공급되었을 거라고 생각하면서 건조한 피부를 그대로 방치하는 것은 좋지 않다. 적절한 수분 섭취와 더불어 알맞은 방법으로 건조한 피부를 관리해야 한다.

셋째, 미스트를 뿌리면 피부가 더 건조해진다?

간편한 피부 보습을 위해 미스트를 사용하는 사람들이 많다. 하지만 미스트를 사용하면 피부가 더 건조해진다는 소리에 걱정이 든 적도 있을 것이다. 과연 사실일까? 절반만 정답이다. 미스트는 뿌리는 즉시 상쾌함을 느끼게 하기 위해 다량의 수분 및 알코올 성분을 함유하고 있다. 이를 피부에 뿌리면 빠르게 증발하면서 시원한 느낌이 들 수 있으나, 피부가 자체적으로 가지고 있는 수분을 함께 증발시키고 피부 장벽을 깨뜨릴 수 있다. 피부 건조함이 심한 사람은 성분을 잘 확인하고 물 함량이 높고 알코올이 들어가 있는 미스트는 사용하지 않는 것이 좋다. 보습 성분이나 오일 성분이 들어간 미스트는 상쾌함은 적을 수 있으나 이러한 부작용은 덜 수 있다. 피부가 건조하다면 성분 표시를 잘 확인하고 보습 성분(히알루론산, 글리세린 등)이 다량 함유되어 있거나 오일 성분이 있는 것으로 고르자. 다만 지성 피부는 오일 성분이 다량 함유된 제품을 사용하면 트러블이 생길 수 있으니 피부 타입에 맞게 선택해야 한다.

+++ 직장인 건강 고민, 의사에게 물어보세요 +++

Q 사무실에서 실천할 수 있는 가장 효과적인 피부 수분 보충법이 무엇인가요?

A 가장 효과적인 수분 보충법은 사무실 습도를 50% 이상으로 유지하는 것입니다. 이것만 잘 지켜도 크게 건조한 느낌이 들지 않아요. 하지만 상황상 그게 어렵다면, 보습 크림을 점심 때쯤 덧발라주거나 보습 성분이 포함된 미스트를 사용하는 것도 괜찮은 방법입니다.

Q 토너, 로션, 수분 크림, 앰플, 오일 등 너무나 많은 보습제가 있는데, 피부 타입별로 어떤 보습제를 쓰는 게 좋은가요?

A 시중에 많은 보습제 타입이 있지만, 사실 이런 보습제들은 본질적으로 물(정제수)과 기름의 비율에 따라 제형이 달라집니다. 정제수 비율이 높으면 스킨, 토너가 되고, 오일 비율이 높으면 끈적한 크림이 된다고 생각해도 무방해요. 지성일수록 정제수 비율이 높은 화장품을 사용하고, 여드름이 많이 생긴다면 각질을 살짝 녹여주는 바하BHA 성분이 포함된 제품을 쓰는 것이 좋습니다. 지성 피부는 피지가 있는 피부의 모공을 막지 않는 것이 중요하기 때문입니다. 반면 피부가 건조하거나 트기 시작한다면 기름기가 있는 크림, 오일 제형을 선택하면 됩니다. 이와 더불어 보습 인자인 글리세린, 히알루론산 등이 포함되면 더

욱 좋습니다. 복합성이라면 유분이 많은 T존 부위와 건조한 U존 부위는 각각 다른 제형을 쓰는 것을 추천해요. 민감성이거나 아토피가 있는 피부라면 세라마이드 성분이 포함된 제품을 발라주면 도움이 될 수 있습니다.

피부과 전문의
김태한

눈 건강,
루테인만 먹으면 됩니까?

하루 종일 컴퓨터를 보니 눈이 뻑뻑하고 건조하다. C 대리는 최근 들어 눈이 더 피로해진 것 같아 눈 건강을 관리하기로 마음먹었는데, 무엇을 어떻게 해야 할지 막막하다. 그때 건강에 관심이 많은 과장님이 한마디를 던진다.

"루테인이 눈 건강에 좋다던데?"

인터넷에 '루테인'을 검색해보니 수많은 제품들이 나온다. C 대리는 사람들이 많이 먹는 데는 이유가 있겠지 하고 주문하기 버튼을 누른다. 과연 루테인은 건조하고 피로한 눈에 좋은 성분인 걸까?

우리는 컴퓨터 모니터부터 스마트폰까지 하루에 절반 이상을 조그마한 화면을 보며 살고 있다. 이때 가장 직접적으로 피로감을 느끼는 부위가 눈이다. 우리 눈은 작아 보이지만 매우 큰 역할을 감당한다. 우리가 외부에서 받아들이는 정보의 80%가 눈을 통해서 들어온다. 눈 근육은 하루 종일 일하는 심장만큼이나 많이 움직이고, 눈꺼풀은 잠잘 때도 숨을 쉬기 위해 일하는 횡격막 근육만큼이나 쉬지 않고 깜빡거린다. 이쯤 되면 우리 몸에서 가장 혹사당하고 있는 곳이 눈이라고 해도 과언이 아닐 것이다. 걷기 운동을 하는 사람은 있어도 안구 건강을 위한 운동을 하는 사람은 적고, 종합 비타민을 챙겨 먹는 사람은 있어도 눈 영양제를 챙겨 먹는 사람은 적은 편이다. 이렇게 우리가 눈을 소홀히 대하는 사이에 눈은 모니터 불빛과 스마트폰의 블루라이트에 지쳐가고 있다. 지금이라도 눈 건강의 중요성을 알고 제대로 관리해보자.

대표적인 눈 영양제, 루테인

루테인은 우리 눈에 존재하는 중요한 성분으로, 망막을 손상시키는 주범인 활성 산소를 방어하는 데 도움을 주고, 블루라이트로부터 눈을 보호해준다. 이렇게 좋은 성분이라면 모두가 눈 건강을 위해 필수적으로 루테인을 섭취해야 하지 않을까? 하지만 안과 의사들은 대부분 눈 질환이 없는 사람들은 굳이 루테인을 먹을 필요가 없다고 말한다. 루테인 효능에 대한 연구는 제법 많이 이루어진 편인데, 이러한 연구들은 공통적으로 루테인은 황반 변성이 어느 정도 진행된 환자들에게만 예방 효과가 있다고 밝혔다. 황반은 망막에서 가장 중요한 부분으로 우리 눈의 중심 시력을 담당하고 있다. 황반 변성이란 나이가 들면서 황반이 점차 안 좋은 방향으로 변하는 질환이다. 변성이 시작되면 물체가 찌그러져 보이거나 시력이 떨어지고, 방치하면 심하게는 실명에 이르기도 한다. 실제로 우라나라에서 실명을 일으키는 가장 흔한 세 가지 질병 중 하나다.

여기까지만 보면 무시무시한 황반 변성을 예방해주는 루테인을 꼭 먹어야 할 것처럼 느껴진다. 하지만 아직 황반 변성이 일어나지 않은 사람에게는 루테인이 크게 보호 효과가 없다. 루테인을 섭취하고 싶다면, 안과를 찾아가서 자신의 눈에 황반 변성이 있는지부터 확인하고 섭취해야 한다. 내 몸을 아끼는 똑똑한 직장인이라면 루테인을 구매할 돈으로 안과에 가서 정기 검진을 받자. 괜히 '눈이 침침한데 루테인만 먹으면 괜찮겠지' 하고 방치하다가 다른 눈 질환이 진행되는 바람에 고생하는 사람들이 많다. 황반 변성이나 다른 눈 질환이 있지는 않은지 확인하여 미리 예방하는 것이 현명하다.

옆자리 동료가 먹는 오메가3, 눈 영양제라고?

매일같이 눈이 뻑뻑하고, 눈곱이 끼고, 흐릿하다고 호소하는 직장 동료가 언제부터인가 오메가3를 먹기 시작한다. 오메가3가 안구 건조에 좋다는 말을 들어보았는가? 오래전부터 꾸준히 오메가3가 안구 건조에 도움을 준다는 논문들이 나왔고, 영양제 회사들은 이를 이용해 오메가3 광고에 열을 올리고 있다. 오메가3는 앞서 살펴보았던 루테인과는 다르게 건조한 눈에 도움이 될까? 안타깝지만 2018년에 세계 최정상급 의학 저널인 《뉴잉글랜드 저널 오브 메디슨NEJM》에서 안구 건조에 대한 오메가3의 효능을 부정하는 연구가 발표됐다. 따라서 오메가3가 눈 건강에 효과 있다고 장담하기는 다소 어렵지만,

효과가 있었던 연구도 분명 존재했고 오메가3를 섭취하는 게 크게 어렵지 않기 때문에 안구 건조가 있는 사람이라면 고려할 수 있는 선택 사항이다. 다만 인공 제조된 영양제보다는 식품으로 직접 섭취하는 것이 더 좋은 효과를 낼 수 있다.

영양제보다 효과 좋은 안구 건조 해결법

하지만 안구 건조가 심하여 생활이 불편하다면, 단순히 건강기능식품인 오메가3를 섭취하는 것만으로는 큰 효과를 기대하기 힘들다. 안구 건조를 해결하는 가장 좋은 방법은 바로 환경을 개선하는 것이다. 눈이 바짝바짝 마르는 환경을 바꾸는 것이 오메가3를 먹는 것보다 훨씬 더 도움이 된다. 사무실이 건조하지 않게 효과 좋은 가습기로 습도를 약 50%로 만들어 유지하자. 또 일하는 틈틈이 눈을 감고 쉬어주어야 한다. 이러한 습관은 건조한 공기와의 접촉을 차단시키고 눈에 수분막을 복구시켜준다. 눈에 직접적으로 바람을 쐬지 않는 것도 중요하다. 에어컨이나 선풍기 바람이 눈 쪽으로 불고 있다면 최악의 환경이라 단언할 수 있다. 가능하면 바람 방향을 바꾸고 불가피할 경우 안경을 쓰는 것도 큰 도움이 된다. 그리고 물에 적신 따뜻한 수건으로 온찜질을 해주면 눈물 분비가 촉진되어 눈이 촉촉해진다.

이러한 방법으로 눈을 관리하는 동시에 안과를 방문하여 인공눈물을 처방받자. 눈이 뻑뻑하고 눈곱 끼는 증상이 정말 안구 건조증 때문인지 먼저 진단을 받아볼 필요가 있다. 게다가 인공눈물은 안과에서 처방받아 구입하는 편이 저렴하다. 안구 건조증이 심한 사람에게는 인공눈물 이외에도 끈적한 안연고나 점액 분비를 촉진시키는 안약을 추가로 처방해주기도 한다. 평생 같이 갈 동반자인 눈을 어떻게 관리할지는 당신의 노력에 달렸다.

내과 전문의
이응현

직장인은 늘 비타민D가 부족해요

직장인들이 가장 피곤한 시간 오후 3시, 졸린 눈을 비비고 창문을 보니 해가 쨍쨍하다. 오후에 잠깐 비가 내려 미세먼지가 씻겨 나가서 그런지 오랜만에 하늘이 맑다. 햇볕이 기분 좋게 내리쬐자 C 대리는 조금 나른해져 기지개를 편다. 그러고 보니 얼마 전에 어머니가 골다공증 진단을 받았던 게 생각난다. 골다공증 약으로 칼슘과 비타민D를 처방받은 어머니는 C 대리에게도 같은 성분의 영양제 한 박스를 보내주었다. C 대리는 책상에 놓인 영양제를 섭취하며 이렇게 생각했다.

'젊을 때부터 칼슘하고 비타민D만 잘 챙겨 먹으면 골다공증은 안 걸리겠지……'

언뜻 들으면 맞는 말 같지만, 비타민D가 우리 몸에 흡수되는 데 가장 중요한 요소는 사실 햇빛이다. 비타민D가 우리 몸에 왜 필요하고, 어떻게 보충할 수 있는지 정확히 알아보자.

햇빛이 필요해, 비타민D

골다공증은 뼈를 구성하는 주된 성분인 칼슘이 빠져나가서 뼈의 강도가 약해지는 질환이다. 여성들은 특히 35세 이후부터 뼈의 양이 서서히 줄어드는데, 50세 전후에 폐경을 겪고 난 후에는 더 급속도로 줄기 때문에 골다공증이 될 위험이 높다. 우리나라 50세 이상 여성의 약 35%가 골다공증으로 고생을 한다고 하니 누구든지 이에 대비해야 할 필요가 있다. 골다공증 자체도 문제지만 제대로 관리하지 않으면 뼈가 쉽게 부러지고, 합병증을 앓는 등 더 큰 문제가 생길 수 있다.

많은 이들이 골다공증 예방과 뼈 건강을 위해 비타민D를 섭취한다. 지용성 비타민 중 하나인 비타민D는 체내의 칼슘

대사와 농도를 조절하여 뼈를 단단하게 유지해준다. 이외에도 세포의 성장과 분화, 면역체계에 영향을 주며 다양한 기능을 한다. 비타민D가 부족하면 뼈가 휘는 구루병이나 골다공증, 심혈관계 합병증, 당뇨, 정신분열증, 우울증, 기억력 감퇴가 일어날 수 있고, 심지어 암의 발생률도 높아진다. 또한 비타민D는 스테로이드의 일종이기 때문에 우리 몸에서 호르몬의 역할도 한다.

이처럼 중요한 역할을 하는 비타민이지만, 조사 결과에 따르면 우리나라 국민 중 약 90%가 비타민D 부족 상태에 있다고 한다. 여러 가지 원인이 있으나 가장 주된 원인은 햇빛을 쬐는 양이 부족하기 때문이다. 비타민D는 식품으로도 섭취가 가능하지만 식품으로 섭취할 경우 흡수율이 낮다. 대부분의 비타민D는 햇빛을 쬘 때 피부에서 합성된다. 몸에서 충분한 양의 비타민D를 합성하기 위해서는 최소한 한 주에 1~2시간 동안 햇빛을 쬐어야 한다. 1주일에 2~3회, 10~20분씩 낮에 햇빛을 쬐는 것을 권장한다. 요즘은 실내에서 주로 생활을 하고, 햇빛을 쬘 수 있어도 이를 피하거나 자외선 차단제를 사용하기 때문에 비타민D 부족 현상이 늘어나고 있다. 더군다나 나이가 들수록 비타민D 합성 능력이 떨어져 부족 현상은 더 심해진다.

어떤 사람들은 얼굴은 햇빛을 쬔다며 괜찮다고 하지만 얼굴의 체표면적은 몸 전체의 10% 정도밖에 되지 않는다. 게다가 비타민 합성에 쓰이는 것은 UVB인데, 창문은 암을 유발하는 UVA는 통과시키고 UVB는 막아버려서 창문으로 들어오는 햇빛은 비타민D 합성에 소용이 없다. 일조량이 적은 북유럽에서는 국가적으로 비타민D 결핍에 대응하고 있다. 우리나라도 비타민D 부족 현상이 점점 심해지고 있어, 전문가들 사이에서 혈중 비타민D 농도 정상치인 30ng/ml(우리나라 기준)를 맞추려면 비타민D 섭취량을 더 늘려야 한다는 논의가 이루어지고 있다. 성인 기준으로 비타민D 권장 섭취량은 보통 1,000IU, 결핍 환자는 4,000IU 정도다. 자신이 얼만큼 비타민D가 부족한지 정확히 알고 싶으면 근처 병원이나 보건소에 방문하여 확인하면 된다.

일상에서 비타민D 채우는 법

비타민D 결핍을 막으려면 일상생활에서 꾸준히 관리를 해주어야 한다. 먼저 햇빛을 충분히 받아야 한다. 하얀 피부를 선호하는 경향 때문에 햇빛에 노출되는 것을 싫어하는 이들이 많다. 피부 노화를 막기 위해 얼굴에는 어쩔 수 없이 선크림을 바른다고 해도, 팔과 다리까지 매일 선크림을 과도하게 바르면 우리 몸이 햇빛을 통해 비타민D를 합성할 수 있는 기회가 없어진다. 그러니 선크림은 잠시 넣어두고 일주일에 총 1~2시간 정도는 산책을 하며 햇빛에 몸을 노출시키자.

음식으로 비타민D를 섭취하는 것도 필요하다. 비타민D가 풍부한 음식은 등 푸른 생선(연어, 정어리, 참치, 삼치 등), 달걀, 견과류, 우유, 버섯, 육류의 간 등이 있다. 특히 등 푸른 생선 한 마리에는 비타민D 하루 권장량이 들어 있기 때문에, 주기적으로 등 푸른 생선을 먹는 것이 좋다. 만약 생선을 싫어한다면 유제품이나 달걀과 같은 음식을 섭취하자. 식품으로 영양소를 다 채우기가 힘들 때는 비타민D가 포함된 영양제를 먹으면 된다. 그리고 비타민D뿐만 아니라 칼슘도 충분히 섭취해야 한다. 비타민D가 칼슘 흡수를 돕기 때문에 복용량에 맞춰 칼슘 성분의 영양제를 같이 복용하는 것도 나쁘지 않다. 다만 너무 많은 칼슘을 섭취하면 부작용이 올 수 있으니 유의하자. 마지막으로 음주, 흡연을 자제하고, 카페인, 인스턴트식품, 패스트푸드, 탄산음료, 흰 설탕 등 가공식품을 줄이는 것도 도움이 된다.

그런데 지용성 비타민인 비타민D를 너무 과하게 섭취하

면 칼슘이 피로 흘러나와 식욕부진, 구토, 설사를 일으키며 신장을 망가뜨릴 수도 있다. 요즘 영양제에 들어 있는 비타민D 농도는 굉장히 높은 편이니 영양제를 먹기 전에 본인에게 비타민D가 어느 정도 추가로 필요한지 피검사를 통해 알아보고 섭취하자.

내과 전문의
이응현

자리에서 일어나다 갑자기 눈앞이 까매졌어요

퇴근이 얼마 남지 않은 오후 4시, 클라이언트가 프로젝트에 문제를 제기해 팀에 비상이 걸렸다. 그 소식에 놀란 A 씨가 자리에서 벌떡 일어났다. 그런데 그때 눈앞이 까매지면서 세상이 핑그르르 돌더니 A 씨는 의식을 잃고 쓰러졌다.

"A 씨, 정신 차려봐요!"

얼마 후 정신이 들어 눈을 뜨자 팀원들이 주위를 둘러싸고 걱정스러운 표정으로 바라보고 있다. A 씨는 자신이 큰 병에 걸린 게 아닐까 무서워하며 병원을 찾았다. 그런데 의사는 의외의 진단을 내렸다. 건강상에 크게 문제가 없는 '미주신경성 실신'이라는 것이다.

실신은 갑작스러운 뇌 혈류 감소로 일시적으로 의식을 잃고 자세를 유지하지 못하고 쓰러지는 증상을 말한다. 실신의 원인은 심각한 질환부터 간단한 질환까지 매우 다양하기 때문에 잘 감별해야 한다. 심장 질환(부정맥, 심근경색, 심근염, 판막 질환 등), 발작, 미주신경성 실신, 기립성 저혈압이나 빈혈 등 실신을 일으키는 수많은 원인들이 있다. 나이가 많거나 당뇨와 고혈압 같은 기저 질환이 있는 사람이라면 심장 혹은 뇌에 문제가 생겼을 가능성이 높다. 간혹 젊은 환자라도 중대한 질병으로 실신할 수 있으니 각별한 주의가 필요하다. 그런데 여기서는 건강을 크게 위협하지는 않지만, 실신을 일으킬 수 있는 질환에 대해 알아보려 한다. 가장 대표적인 것이 미주신경성 실신과 빈혈로, 특히 젊은 여성에게 자주 발생한다.

미주신경성 실신, 알고 대처하자

미주신경성 실신은 실신하는 사람들의 반 이상이 이 질환 때문에 쓰러졌다는 통계가 있을 정도로 꽤 흔하게 발생하는 질환이다. 미주신경성 실신은 스트레스를 받거나 배설 활동을 하거나 오래 앉아 있다가 갑작스럽게 일어날 때 발생한다(기립성 저혈압도 같은 원리로 발생한다). 원래 우리 몸은 피가 하지에 몰리면 심장에서 분출하는 혈액량이 줄기 때문에, 보상 작용으로 교감신경계를 활성화시켜 혈관을 수축시키고 심장을 빨리 뛰게 하여 부족한 혈액량을 채워준다. 하지만 미주신경성 실신 환자들은 이때 정상적인 반응과는 반대로 교감신경을 억제시키고 부교감신경을 활성화시켜 오히려 혈관을 확장하고 심장을 느리게 뛰게 한다. 안 그래도 일시적으로 혈액량이 부족한 상황인데 머리 쪽으로 가는 뇌 혈류량까지 부족해지니 쓰러지게 되는 것이다.

미주신경성 실신은 기립경 검사를 통해 진단한다. 실신을 유발할 만한 상황을 의도적으로 만들어 환자 몸의 반응을 보고 증상이 나타나는지 확인하는 원리다. 약물 치료를 하기도 하지만, 특별한 치료가 필요하지 않은 경우가 대부분이다. 그보다 실신을 일으킬 만한 상황을 피하는 것이 더 중요하다. 반복적으로 실신을 겪었다면, 본인이 쓰러질 가능성이 있는 상황(지하철에서 오래 서 있기, 갑작스럽게 일어나기 등)을 피하고, 실신이 일어날 것 같은 전조 증상이 발생했을 때 바로 자리에 앉거나 바닥에 누워야 한다. 쓰러지면서 땅이나 날카로운 모서리에 머리가 부딪힐 수 있기 때문이다. 실제로 미주신경성 실신은 그 자체가 문제가 되기보다는 실신으로 인한 타박상, 외상성 뇌출혈 같은 이차적인 문제가 올 수 있어 위험하다.

철이 부족해, 빈혈

실신의 또 다른 대표적인 원인은 빈혈이다. 빈혈이 있으면 어지럼증과 피로를 느낄 수 있고, 심하면 실신을 하기도 한다. 빈혈에는 여러 종류가 있지만, 젊은 여성들에게 가장 많이 발생하는 것은 철 결핍성 빈혈이다. 빈혈을 진단할 때는 피를 뽑아 적혈구의 형태 및 적혈구 내 헤모글로빈의 양을 보고 판단하는데, 젊은 여성의 경우 헤모글로빈 농도가 12mg/dl 이하이면 빈혈로 진단한다. 헤모글로빈 농도가 이보다 작다고 해서 모두 치료가 필요하지는 않다. 일상생활에 특별한 이상이 없다면 괜찮지만, 생리로 피가 빠져나간 상태에서 다이어트를 하거나 어떤 이유로 필요한 만큼의 혈액 수치에 도달하지 못하면 어지럼증을 느끼고 실신을 할 수도 있다.

철 결핍성 빈혈을 예방하고 치료하는 법은 간단하다. 필요한 만큼 철분을 보충해주는 것이다. 철이 풍부하게 들어 있는 음식을 먹되 식단으로 섭취하기 어려울 때는 철분 보충제를 먹는 것도 도움이 된다. 철이 풍부하게 든 음식으로는 선지가 들어간 선짓국, 붉은 고기, 굴, 콩, 두부, 시금치 등이 있다. 그리고 되도록이면 철분 흡수를 방해하는 음식은 피하도록 하자. 커피, 차, 카페인이 들어간 음료는 철분 흡수를 막기 때문에 빈혈을 악화시킬 수 있다. 음식으로 충분하지 않다면 철분제를 복용하면 되는데, 이때는 우유나 유제품을 피하고, 가능하다면 공복에 먹는 것이 좋다. 철분제를 복용하면 소화불량 같은 부작용이 생길 수 있으니 증상이 심해지면 의사와 상담을 해야 한다.

재활의학과 전문의
이의창

거북목 여러분,
척추 챙기세요!

최근 영국의 한 연구 팀이 사무직 직장인의 미래 모습을 재현한 인형 '엠마'를 선보여 화제가 됐다. 거북이처럼 앞으로 쭉 내민 목, 심하게 굽은 등, 시뻘건 눈, 뚱뚱한 몸이 특징인데 그 중에도 가장 눈에 띄는 부분은 '거북목'이었다. 먼 미래로 갈 필요 없이 우리 주변에서도 거북목이 있는 사람들을 흔히 볼 수 있다. 거북목은 컴퓨터 앞에서 오래 일하는 직장인이나 휴대폰을 많이 사용하는 현대인에게 쉽게 발생한다. '거북목' 혹은 '거북목 증후군'이라는 명칭은 사실 공식적인 이름은 아니다. 미국에서는 텍스트 목(휴대폰 문자를 보낼 때 목이 구부러지는 모습), 밀리터리 목(군인들이 목을 꼿꼿이 세우고 있는 모양) 혹은 전방 머리 증후군이라고 부른다. 개인적으로 거북목이라는 표현이 훨씬 잘 와닿는 것 같다. 일을 하다 보면 자기도 모르게 앞쪽으로 머리를 쑥 내밀곤 하는데, 이 모습이 거북이와 빼닮았다. 근육 통증, 피로, 두통과 같은 각종 불편한 증상들을 일으키는 거북목, 어떻게 해결할 수 있을까?

거북목은 왜 생기는 걸까?

보통 척추가 곧은 일자 모양으로 뻗어 있을 거라고 생각하기 쉬운데 사실은 그렇지 않다. 정상적인 척추는 S라인으로 휘어져 있으며, 척추뼈 중에서도 가장 위쪽에 있는 목뼈는 C자 형태의 곡선을 유지하고 있다. 하지만 목이 굽은 상태가 오래 지속되면 목과 어깨의 근육에 무리가 가고 목뼈의 정상적인 곡선이 무너지면서, 일자 혹은 역 C자 형태로 변하게 된다. 이것이 우리가 아는 '일자목' 혹은 '거북목'이다.

목뼈의 C자형 곡선은 머리의 무게를 지탱하고 충격을 분

✴ 정상 목, 일자목, 거북목의 뼈 형태

산시키는 역할을 한다. 그런데 목뼈의 곡선이 변형되면 충격을 완화해주는 능력이 떨어져 목뼈 사이를 채우고 있는 물렁뼈(디스크)에도 부담을 주게 된다. 이로 인해 목 디스크 증상이나 목뼈 퇴행성 질환이 발생할 수 있고, 머리 뒤쪽의 신경을 자극하여 두통을 일으키는 등 다양한 문제가 생길 수 있다.

장시간 책상 앞에 앉아 컴퓨터 작업을 해본 사람이라면 누구나 목뒤와 어깨 주변의 뻐근한 통증을 경험해봤을 것이다. 성인이 바르게 서 있을 때 목이 견디는 머리의 무게는 약 5kg다. 하지만 고개를 숙이는 정도에 따라 목에 가해지는 하중은 약 27kg까지 증가한다. 숙이는 각도가 증가할수록 목에 가해지는 하중이 급격히 늘어나는 것이다. 이렇게 좋지 않은

✳ 숙이는 각도와 목뼈가 받는 하중

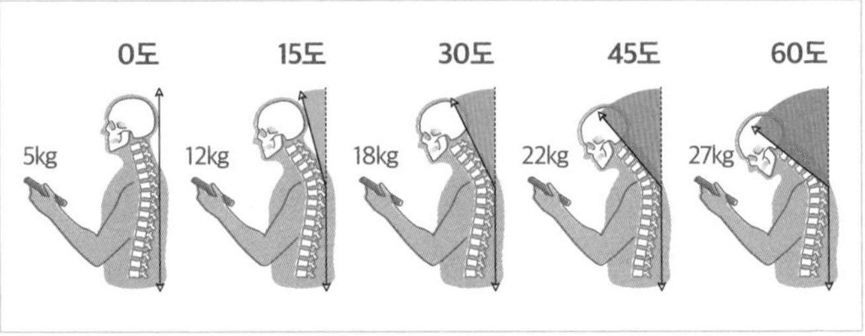

자세로 평소보다 무거운 무게를 오래 지탱하면 목과 어깨 근육, 힘줄, 인대에 피로가 쌓여 점점 근육이 뻣뻣해지고 만성적인 통증이 발생하게 된다. 즉, 거북목은 잘못된 자세에 의해 목 주변 근육들이 과도하게 수축해 생기는 일종의 근육 불균형 상태다.

거북목, 생활 습관부터 바꿔보자

거북목을 고치려면 어떻게 해야 할까? 거북목은 컴퓨터를 할 때 목을 앞으로 쭉 내밀고 있거나 장시간 고개를 숙이고 스마트폰을 하는 등 평소 생활 습관과 밀접한 관련이 있다. 지금부터 일상생활에서 쉽게 적용해볼 수 있는 거북목 예방법을 알아보자.

오랜 시간 컴퓨터를 하면 자기도 모르게 자세가 구부정해진다. 이럴 때는 컴퓨터 모니터를 눈높이보다 약간 위에 놓으면 자연스럽게 목과 어깨가 펴진다. 스마트폰이나 책을 볼 때에도 최대한 눈높이에 맞추는 것이 중요하다. 모니터와 눈 사이는 40~50cm 정도로 충분한 간격을 두고, 본인의 체형에 맞는 의자 혹은 허리 받침대, 팔걸이, 손목 받침대를 사용하여 바른 자세를 유지하자. 스마트폰이나 태블릿을 이용할 때는 사용 시간을 정해놓는 것이 좋다. 게임을 하거나 영상을 보면서 집중하다 보면 나도 모르게 목이 굽은 자세가 되기 쉬우니, 장시간 사용을 최대한 피하도록 노력하자. 누울 때는 목에 무리가 가는 높은 베개는 피해야 한다. 또한 앉은 자세로 잠들면 목이 앞으로 떨어지면서 목의 근육과 인대, 힘줄에 무리가 많이 가므로 휴대용 목 베개로 목을 받쳐주는 것을 추천한다. 나도 긴 시간 비행기를 탈 땐 꼭 목 베개를 챙긴다.

장시간 앉아서 업무를 보는 사람이라면 1시간에 적어도 10분 정도는 휴식을 취하는 것이 좋다. 휴식 시에 목과 어깨를 가볍게 스트레칭해주면 거북목 예방에 더욱 효과적이다. 만약 현실적으로 1시간에 10분 휴식을 취하기가 어렵다면 잠깐이라도 자리에서 일어선 상태로 일해보자. 서 있을 때는 척추에 가해지는 압력이 앉아 있을 때보다 1.5배 이상 낮아지기 때문이다. 스스로 거울을 보며 자세 교정을 해보는 것도 좋은 방법이다. 거울을 옆에 두고 바른 자세로 선 후 거울에 비친 자신의 모습을 보며 목이 앞으로 빠진 정도를 직접 눈으로 확인하면서 교정해볼 수 있다.

언제 어디서든 쉽게 하는 재활 운동

이번엔 조금 더 구체적인 거북목 재활 운동을 소개하려 한다. 먼저 목 주변의 근육이 경직되면서 나타나는 통증들을 해결하기 위해서는 목과 어깨 근육을 풀어주는 운동이 필요하다. 오래 앉아서 컴퓨터를 해도 최소 30분에 한 번씩은 목을 뒤로 젖히는 스트레칭을 해주는 게 좋다. 목을 지그시 뒤로 젖히는 동시에 양쪽 어깨의 날개뼈를 뒤로 당겨 양쪽 날개뼈를 최대한 붙인다는 느낌으로 가슴을 활짝 젖히면 된다. 최대한 젖힌 상태에서 5초 유지해주고 다시 원래 자세로 돌아오기를 반복하면 목과 어깨 주변 근육을 이완하고 통증을 완화하는 데 많은 도움이 된다.

거북목이 디스크나 다른 퇴행성 질환으로 진행되는 것을 막으려면 목 근육을 강화하는 운동도 병행해야 한다. 보통 거북목 하면 주위 근육이 경직되어 있다고만 생각해서 스트레칭을 많이 한다. 그런데 실제로 목 부위 깊은 곳에 위치한 근육은 경직되어 있는 게 아니라 늘어나 있다. 따라서 이를 강화하는 운동이 필수적이다.

가장 대표적인 운동으로 '턱 당기기 운동Chin tuck exercise'이 있다. 이 동작은 서 있는 자세, 앉은 자세 혹은 누운 자세에서 모두 할 수 있다. 머리카락을 누가 천장에서 잡아당긴다는 느낌으로 턱끝을 가슴 쪽으로 당겨서 10초간 유지하고, 다시 10초간 휴식하는 동작을 연속해서 3회 반복한다. 적어도 하루에 세 번 이상 매일 하는 것이 좋으니 틈날 때마다 실천해보자. 턱 당기기의 변형된 운동법으로 벽과 이마 사이에 공을 놓고 이마로 공을 미는 운동도 있다. 이마로 공을 밀면서 턱을 가슴 쪽으로 당기는 동작이며 원리는 같다. 이런 운동으로 목 근육을 강화하면 목이 앞으로 쏠리지 않도록 근육이 잡아줄 수 있다.

나도 20대 중반까지는 '닌자 거북이'라는 별명이 있었을 만큼 거북목이 심했다. 하지만 지금까지 설명한 생활 습관 교정, 재활 운동을 하면서 지금은 사람으로 다시 태어났으니, 한

번 믿고 따라 해보길 권한다. 누구든지 꾸준히 실천한다면 큰 효과를 볼 수 있을 것이다.

직장인의 퇴근

수고했어, 오늘도

재활의학과 전문의
이의창

퇴근길,
쇳덩어리 같은 내 다리

바쁜 하루를 마무리하고 집으로 돌아가는 퇴근길, 마음은 가벼운데 다리는 무척이나 무겁다. 자리에 앉아 다리를 주물러 보니, 아침보다 다리가 부어 있는 것 같기도 하고 어딘지 모르게 저리는 것 같기도 하다. 이유를 생각해보았지만 무리를 할 만한 다른 일은 없었다.

'하루 종일 앉아 있었는데, 왜 이렇게 오래 걸은 것처럼 다리가 피곤하지?'

오랫동안 서서 근무하는 사람들은 다리가 잘 붓거나 다리에 통증을 느끼곤 한다. 그런데 하루 종일 앉아서 근무하는 사무직 직장인 중에서도 퇴근할 때가 되면 다리가 퉁퉁 붓는 증상을 겪는 사람들이 드물지 않다. 오래 서 있거나 걷지 않고 편안하게 앉아 있기만 했는데 다리가 왜 이렇게 붓고, 심지어는 통증까지 있는 걸까?

다리에도 순환이 필요해

다리가 붓는 가장 흔한 원인으로는 정맥순환장애가 있다. 우리 심장에서 나간 혈액은 동맥을 타고 온몸으로 퍼지고, 정맥을 통해 다시 심장으로 들어오면서 순환한다. 정맥은 동맥에 비해 탄력성이 떨어지는 특징이 있다. 정맥에는 혈액의 역류를 방지하기 위한 구조물인 판막이 있는데, 판막이 제대로 기능을 못해 일부 혈액이 심장으로 가지 못하면 중력에 의해 다리에 고이게 된다. 이 상태를 정맥순환장애라고 부른다. 다리나 발목, 발이 자주 붓거나 종아리가 저리고 쥐가 나는 경우, 혹은 다리가 무겁고 피곤한 느낌이 드는 경우 정맥순환장애를 의심해볼 수 있다.

정맥순환장애는 고혈압, 당뇨병같이 혈관에 악영향을 미치는 만성 질환이 있는 사람 또는 비만, 가족력이 있거나 임산부, 흡연자, 고령인 사람에게 발생할 수 있다. 오래 서 있거나 앉아 있는 것처럼 장시간 고정된 자세를 유지하는 사람도 쉽게 걸릴 수 있다. 다리를 압박하는 스키니 진이나 굽이 높은 신발을 자주 착용할 때도 발생하는 것으로 알려져 있다. 계절을 기준으로 보자면 높은 기온 때문에 다리 혈관이 늘어나는 여름에 더 잘 발생한다.

정맥순환장애가 고쳐지지 않고 장기간 지속되면, 밑에서 위로 올라가야 할 혈액이 다리에 고여 혈관이 늘어나는 하지정맥류로 발전할 수 있다. 하지정맥류에서 '류'는 '혹'이라는 뜻으로, 다리에 있는 정맥이 부풀어올라 육안으로 보기에도 혹처럼 울퉁불퉁 돌출된다고 해서 붙여진 이름이다. 하지만 하지정맥류인데 혈관이 겉으로 도드라져 보이지 않는 경우도 있어서 주의가 필요하다. 하지정맥류는 일단 발생하면 계속 진행되고 악화되는 병이기 때문에 조기에 발견해서 치료받는 것이 중요하다. 초기에 치료를 받아야 정맥의 판막 기능을 보존할 수 있다.

만약 다리에만 생기는 부종이 아니라 손이나 몸통, 얼굴처럼 다른 부위에도 함께 발생한 부종이라면 다른 원인들을 고려해야 한다. 진통제나 스테로이드, 혈압약, 당뇨약 같은 약물도 부종을 일으킬 수 있다. 혹은 심장이나 신장, 갑상선, 간 등에 문제가 있을 때에도 발생할 수 있으므로 기본적인 검사가 필요하다.

다리 부종을 줄이는 생활 습관

그대로 방치하면 통증과 합병증을 유발하는 정맥순환장애, 어떻게 예방할 수 있을까? 먼저 오랜 시간 한 자세를 유지하지 않는 것이 중요하다. 오래 서 있는 일을 하는 사람들은 정맥순환장애에 쉽게 노출될 수 있으니, 서 있는 자세에서 발뒤꿈치를 드는 운동을 틈나는 대로 해주는 것이 좋다. 발뒤꿈치 들기는 종아리 근육을 움직여 종아리의 정맥을 수축시키고 혈액을 심장으로 보내주는 운동이다. 종아리 근육이 수축하면서 정맥의 천연 펌프가 되어 혈액순환을 돕는 원리다. 오래 앉아서 생활하는 분들은 최소한 1시간마다 자리에서 일어나서 가벼운 스트레칭을 하고, 잠깐이라도 걷는 것이 좋다.

다음으로 혈액순환을 막는 생활 습관을 버려야 한다. 스키니 진이나 레깅스, 발 사이즈에 너무 꽉 맞는 신발이나 굽이 높은 신발은 자주 착용하지 않는 것이 좋다. 다리를 꼬고 앉는 습관도 고쳐야 한다. 하지정맥류 예방용 압박 스타킹을 사용하는 것도 고려해볼 수 있다. 잘 때 발목 아래에 베개를 두고 발을 심장보다 높게 해놓는 것도 부종을 빼는 데 도움이 된다. 간혹 부기를 빼고 통증을 완화하려는 목적으로 다리에 온찜질을 하는 사람들이 있는데, 높은 온도가 정맥의 탄력을 떨어뜨려 증상을 악화시킬 수 있으므로 주의해야 한다.

+++ 직장인 건강 고민, 의사에게 물어보세요 +++

Q 다리 부기를 제대로 빼지 않으면 살이 된다고 하던데, 정말인가요?

A 이는 사실이 아닙니다. 다리 부기는 보통 혈액이 제대로 순환하지 못해서 생기는 것이지 살이 찌는 것과는 관련이 없어요. 살을 빼기 위해서보다는 혈관 건강을 위해 다리 부기를 줄이는 생활 습관 교정이나 적절한 치료가 필요합니다.

Q 하루 종일 앉아서 일을 하고 집에 가면 다리가 퉁퉁 부어 있어요. 집에서 간단하게 부기를 제거하는 방법이 없을까요?

A 다리에 혈액이 고이게 만드는 원인을 교정해주어야 합니다. 혈액순환이 잘되도록 틈틈이 움직여주고 집에서는 의자같이 심장 높이보다 높은 곳에 발을 올려두고 손으로 종아리를 가볍게 마사지해주면 부종을 효과적으로 제거할 수 있습니다.

정형외과 전문의
이시영

하이힐을 신으니 엄지발가락이 휘고 아파요

'회사에서도 편한 옷을 입고 편한 신발을 신는다면 얼마나 좋을까?'

아침부터 저녁까지 구두를 신고 생활하다 보니 체력이 더 급격히 떨어지는 느낌이 든다. 이번에 새로 산 신발이 발에 딱 맞아서 더 발이 붓고 아픈 것 같다. 아니나 다를까 집에 도착해 신발을 벗어보니 발가락이 빨갛게 부어올랐다. 딱딱하고 굽이 높은 신발이 발에 안 좋다는 건 많이 알려져 있지만, 정확히 우리 몸에 어떤 영향을 미치는 걸까?

엄지발가락이 휘었나요?

하이힐처럼 굽이 높고 볼이 좁으며 딱딱한 신발은 발 건강에 매우 나쁜 영향을 준다. 뒤꿈치 통증을 유발할 뿐만 아니라, 일명 '하이힐병'이라고 불리는 무지외반증을 일으킬 수 있기 때문이다. 무지외반증은 엄지발가락이 둘째발가락 쪽으로 휘어서 통증과 발의 기형을 일으키는 질환이다. 주로 여성에게 많이 발생하는데, 20~30대에 나타날 경우 유전적 요인이 원인일 가능성이 크며 50대 이상에서는 젊었을 때 볼이 좁은 불편한 신발을 신어서 발생하는 후천적 요인이 원인일 가능성이 크다. 그러므로 아직 젊을 때에 미리 발 건강을 관리해야 한다.

뾰족한 구두처럼 발가락을 안쪽으로 모으는 신발을 신는 것이 무지외반증을 일으키는 대표적인 원인이다. 굽이 높은 하이힐을 신으면 발 앞부분으로 무게 중심이 쏠리면서 발가락 부위에 무리를 줘 무지외반증을 악화시킬 수 있다. 가장 좋은 것은 자기 발에 적합한 사이즈의 편안하고 폭신한 신발을 신는 것이다. 만약 발가락이 변형되었고 해당 부위에 통증이 있다면, 엑스레이 검사로 정확한 진단을 받아야 한다. 병원에서는 엑스레이 검사 후 엄지발가락 뼈가 둘째발가락 쪽으로 휘어 있는 각도를 보고 진단을 한다. 하지만 변형이 많이 되었다고 해서 무조건 수술을 해야 하는 것은 아니니 이미 휘어버린 발을 보더라도 너무 실망할 필요는 없다. 변형이 심해도 통증이 없으면 수술할 필요가 없다. 염증이나 통증이 있는지에 따라 수술 여부를 결정하며, 그 외에 미용의 목적으로 수술을 하는 경우도 있다. 수술 시 대개 1~2일 후부터는 뒤꿈치로 디디면서 걸을 수 있고, 3~5일이면 퇴원도 가능하다. 한 달이 지나면 가벼운 산책을 할 수 있다.

무지외반증, 최고의 치료는 예방!

이미 무지외반증이 발생했다면, 초기 통증에는 진통 소염제를 먹고 따뜻한 족욕 마사지를 20분가량 해주는 것이 도움이 된다. 급성기 염증으로 통증이 많이 심할 때는 차가운 족욕을 하기도 한다. 인터넷상에 무지외반증 치료와 관련된 다양한 자료들이 있고, 보조기나 교정기, 테이핑 요법들도 소개되고 있지만, 엄밀히 말해서 이러한 방법으로 이미 변형된 발가락을 다시 정상으로 돌리는 것은 어렵다. 이와 관련해서는 연구 문헌에서도 여전히 논란이 일고 있다. 완벽한 치료법이나 예방법이 있다면 그 방법이 절대적으로 이용되겠지만, 그렇지 않기에 다양한 예방법과 치료법들이 나오고 있는 실정이다. 최근에는 조회 수를 올리기 위해 자극적인 멘트로 마치 수술을 하지 않아도 무지외반증을 치료할 수 있는 것처럼 잘못된 의료 정보를 담은 영상이나 보조기에 관한 과장 광고가 많은데, 이 또한 치료를 망치는 원인 중에 하나이니 부정확한 치료법을 맹신하지 않길 바란다.

이렇게 치료가 어렵기 때문에 무지외반증은 발생하기 전에 예방하는 게 매우 중요하다. 최고의 예방법은 자신의 발 사이즈에 맞으며, 앞코가 넓고 굽이 낮은 편안한 신발을 신는 것이다. 다만 하이힐이나 구두를 어쩔 수 없이 신어야 하는 환경이라면 중간에라도 신발을 벗어 마사지를 해주면서 발에 휴식 시간을 주는 것이 좋다. 참고로 엄지발가락과 둘째발가락 사이에 끼우는 족지 분리기나 기능성 깔창(인솔)은 통증을 경감시키고 무지외반증 진행을 더디게 해주는 예방적 목적으로는 쓸 수 있지만, 교정 효과는 제한적이라 할 수 있다.

천재적인 화가이자 해부학자였던 레오나르도 다빈치는 "사람 몸의 2%밖에 차지하지 않는 작은 부위인 발로 98%의 몸무게를 견디는 것은 인체공학 사상 최고의 걸작이며 예술품이다"라고 말했다. 발은 우리 몸 가장 낮은 곳에서 궂은일을 담당하고 있지만, 매우 중요한 역할과 기능을 맡고 있다. 발이 건강하지 않으면 무릎, 골반, 허리를 비롯한 몸 전체 균형이 깨질 수 있다. 지금이라도 우리의 발을 최고의 예술품에 걸맞게 관리하도록 하자.

정신건강의학과 전문의
이의석

옆자리 동료가 우울증으로 힘들어해요

"나 요즘 너무 우울해."

"왜, 무슨 일 있었어?"

"아니, 그냥 이유 없이 계속 눈물이 나고 그러네."

"혹시 우울증 아냐?"

의사가 되고 나니, 주변 사람들이 아플 때 연락이 와서 어떻게 해야 좋을지 물어보곤 한다. 나는 그럴 때 "그 정도면 금방 좋아지니까 너무 신경 쓰지 마"라며 담담하게 대답한다. 이들이 내게 연락한 이유는 가벼운 상처는 소독하고, 근육통이 있으면 진통제를 먹으면 된다는 걸 몰라서가 아니다. 자신의 아픔을 이해해줄 사람을 찾으려는 것이다. 마음의 아픔도 마찬가지다. 사람들은 자신의 힘든 마음을 누군가 이해해주길 바란다. 그렇기에 주변 사람들이 그 아픔을 어떻게 대하는지가 중요하다.

상대가 힘들다고 말할 때 우리는 무심코 "너 우울증 아니야?"라고 하는데, 이렇게 판단을 내리는 건 조심스러운 일이다. 우울증을 진단할 때는 세계에서 공통으로 쓰는 정신의학 진단 체계를 이용한다. 2주 이상 매일 우울한 기분이 지속되거나 모든 일에 흥미가 떨어지는 등 9가지 증상 중 5가지 이상에 해당하고, 일상생활 기능에 문제가 있을 때 정신건강의학과 전문의들이 우울증 진단을 내릴 수 있다. 그러나 이러한 기준은 통합적인 진단 체계이기 때문에 개개인이 어떤 환경에서 자랐고 회사에서 어떤 문제로 기분이 상했는지, 평소 성격과 인간관계, 스트레스 대처 방식은 어떤지에 따른 차이점은 배제될 수 있다. 직장에서 상사에게 깨지거나 해고를 통보받은 사람도, 실연당한 사람도, 꿈을 향해 달려가다 큰 실패를 한 사람들도 다 같은 우울증일 거라는 생각은 편견이다. '우울증'이라는 껍데기는 잠시 치워두고, 상대를 하나의 개별적인 존재로 인식하자. 그럴 때 그 사람 자체를 이해하고 진정한 위로를 전할 수 있을 것이다.

상대의 아픔을 외면하지 않는 용기

직장 생활을 하다 보면 가끔 회의감이 들면서 지치고 쓰러질 것같이 힘든 때가 찾아온다. 가벼운 감기 수준이라면 직장 동료들과 억울했던 상황을 이야기하면서 풀 수 있다. 하지만 어떤 날은 마치 코너에 몰린 듯한 느낌이 들기도 한다. 인간관계가 무너지는 것 같고, 미래도 암담해 보이고, 이렇게 사는 게 무슨 의미인가 싶어서 죽고 싶다는 생각을 할 수도 있다. 만약 주변의 동료가 '죽고 싶다'라는 말을 꺼낸다면 그 사람은 어느 정도로 힘든 것일까? 정말로 진지하게 자살까지 생각하는 정도인지, 더 나아가 어떻게 죽을지 계획을 하고 있는 건지 아니면 그보다는 단순하게 '힘들어 죽겠다'인 건지 알기도 어렵고, 괜히 물어보기도 망설여진다. 이럴 때는 뭐라고 말해줘야 할까? 답은 생각보다 간단하다. 자세히, 이해가 될 때까지 그 사람의 마음을 물어봐야 한다. 그래야 상대방의 힘듦을 조금이나마 명확히 알 수 있고, 도와줄 길이 보인다.

상대방의 마음에 대해 자세히 묻는 게 실례나 오지랖이라고 생각할 수도 있다. 하지만 반대로 내가 힘들었던 시기에 나를 생각해주는 사람이 내 아픔을 알아봐주었을 때가 좋았는지, 별 신경 쓰지 않고 무심하게 넘겼을 때가 좋았는지를 생각해보면 그 차이를 알 수 있다. 힘들고 외로울 때 친한 동료나 친구가 몰라주는 것만큼 서운할 때가 없다. 내가 말하지 않아도 내 아픔을 궁금해하며 알아주는 사람이 있기에 다시 일어설 힘이 생긴다. 큰 고민일수록 말하기까지 망설여지는데, 그 고통을 알아차리고 물어봐준다면 상대는 따뜻한 관심으로 받아들일 것이다.

현실적인 예를 들어보자. 회사에서 상사에게 지속적인 폭언을 듣고 우울감에 빠져 있는 동료에게 우리는 이렇게 이야기하곤 한다. "그래 힘들겠다, 하지만 네가 이런 식으로 해야지 상사가 너를 덜 괴롭히지 않겠니? 너는 이런 부분이 부족하니까 이렇게 해봐." 누가 봐도 이것을 제대로 된 위로라고 생각하지는 않을 것이다. 우리는 어떻게 해야 할지 정도正道를 몰라서 힘든 게 아니다. 힘들어하는 상대에게 어떤 말을 해줘야 하는지보다 더 중요한 것은 상대가 어렵게 꺼낸 그 말을 외면하지 않고 진심으로 들어주는 관심과 용기다.

관심과 이해를 바탕으로 한 '진짜 공감'

물론 대부분 처음에는 상대방의 힘든 마음을 진심을 다해 들어주려 할 것이다. 그런데 듣다가 내 상식선에서 이해가 되지 않는 부분이 나오면 많은 이들이 속으로는 의문을 가지지만 혹여나 다른 의견을 제시했을 때 상대가 상처받을까 봐 입을 닫는다. 그리고 나중에는 그저 열심히 경청하는 척을 하며 영혼 없이 고개를 끄덕이게 된다. 하지만 사람은 감정의 동물이기 때문에 아무리 좋은 의도로 참고 들어준다 해도 말하는 사람은 상대가 지루하게 듣고 있다는 걸 눈치챌 수밖에 없다. 그러면 상대를 위하는 마음 때문에 오히려 사이가 멀어지게 될 수도 있다.

그럴 때 추천하는 방법이 바로 '질문하기'다. 상대방의 언행이 이해가 되지 않으면 하나하나 조심스레 물어봐야 한다. 이해가 될 때까지 물어보다 보면 상대방도 자신이 몰랐던 부분을 마주하며 상황을 다시 반추하게 된다. 그때 마음의 치유가 시작된다. 이런 사이클 속에서 대화를 이어가면 듣는 사람도 점차 상황이 이해가 되면서 그 사람이 느꼈을 뿌리 깊은 감정, 태도까지 진정으로 공감할 수 있다. 남들에게 보여주기 어려워 굳게 닫혀 있던 속마음도 진정한 공감 앞에서는 열리게 되어 있다. 공감을 받은 사람은 그 어디에서도 경험하지 못한 고요한 안정감을 느낀다.

그 사람의 상황을 제대로 이해하지 못한 채 '힘들었겠네, 힘내, 다 잘될 거야' 하는 다소 상투적인 말을 해버리면 열렸던 마음 문도 닫히기 십상이다. 정신건강의학과 의사가 하는 면담의 가장 기본적인 요소가 공감이다. 공감은 경험을 통해 배우고 단련하며 익히는 것이다. 상대방에 대한 올바른 관심과 노력이 있다면 누구나 할 수 있다. 사람들은 종종 나에게 정신건강의학과 의사로 일하면 매일같이 마음이 힘든 사람들의 얘기만 들을 텐데 같이 우울해지지 않느냐고 묻곤 한다. 하지만 그와 정반대인 경우가 많다. 상대방의 마음의 문을 두드리다 보면 오히려 들어주는 나까지 힐링이 되고 공감을 받는 것 같다. 대학병원에서 전공의로 수련을 받았을 때부터 느껴왔던 감정이다. 이해와 관심을 바탕으로 한 공감은 이렇게 서로에게 '윈윈'이 된다.

나도 우울증일까?

누구나 스트레스 상황에 놓이면 우울하고 지칠 수 있다. 그러나 우울증은 일시적인 우울감과는 엄연히 다르다. 그럼 어느 정도로 심각해야 정신과를 방문해서 전문가의 도움을 받아야 될까? 남들의 시선을 의식하는 문화, 직장에서 알게 되면 불이익을 받을까 하는 두려움 등 여러 이유로 정신과에 내원하기 부담스러워하는 사람들이 있다. 이 때문에 이미 자살 위험성이 매우 높은 수준의 심한 우울증 환자인데, 가족이나 친구들이 도저히 돌보기가 어려워 억지로 데려왔을 때에야 처음 병원을 방문하는 경우도 있다. 정확히 어떤 증상이 나타나면 병원에 가야 한다는 기준은 없지만, 어떤 질환이든 예방만큼 좋은 게 없듯이 우울 증상이 너무 심각해지기 전에 내원하길 추천한다. 혼자서 판단하기 어렵다면 간단한 자가 진단을 해 볼 수도 있다. 다음은 정신과에서 흔히 사용하는 우울증 척도 검사인 '벡 우울 척도BDI, Beck's Depression Inventory'다. 총 21개 문항으로 구성되어 있으며, 지난 2주간의 기분을 생각하여 나에게 맞는 문항을 선택해 해당 점수를 전부 더하면 된다.

✳ 우울증 자가 진단(벡 우울 척도)

범주	문항	점수
❶ 슬픔	나는 슬프지 않다.	0
	나는 슬플 때가 자주 있다.	1
	나는 항상 슬프다.	2
	나는 너무 슬프고 불행해서 견딜 수가 없다.	3
❷ 비관주의	나는 미래에 대해 낙심하지 않는다.	0
	나는 이전에 비해 미래에 대한 희망이 줄었다.	1
	나는 내 앞날이 잘 풀릴 것이라고 기대하지 않는다.	2
	나는 미래가 희망이 없고 점점 더 나빠질 것 같은 느낌이 든다.	3
❸ 과거의 실패	나는 나 자신을 실패자라고 느끼지 않는다.	0
	나는 생각보다 많은 실패를 했다.	1
	돌이켜보면, 나는 실패를 너무 많이 했다.	2
	나는 인간으로서 완전히 실패한 것 같다.	3
❹ 즐거움 상실	나는 이전처럼 내가 좋아하는 일을 하면서 즐거움을 느낀다.	0
	나는 이전만큼 일을 즐기지 못하고 있다.	1
	나는 이전과 달리 일에서 즐거움을 거의 느끼지 못하고 있다.	2
	나는 이전과 달리 어떤 일에서도 즐거움을 느끼지 못하고 있다.	3

❺ 죄책감	나는 특별히 죄책감을 느끼지 않는다.	0
	나는 내가 했던 일이나 하지 못했던 일 때문에 죄책감을 느낀다.	1
	나는 죄책감을 느낄 때가 자주 있다.	2
	나는 항상 죄책감을 느낀다.	3
❻ 벌 받는 느낌	나는 벌을 받고 있다고 느끼지 않는다.	0
	나는 벌을 받을지도 모른다는 느낌이 든다.	1
	나는 벌을 받을 것 같다.	2
	나는 지금 벌을 받고 있다는 느낌이 든다.	3
❼ 자기혐오	나는 나 자신에 대해 변함없이 같은 느낌이다.	0
	나는 나 자신에 대한 믿음이 없어졌다.	1
	나는 나 자신에 대해 실망하고 있다.	2
	나는 나 자신을 혐오한다.	3
❽ 자기비판	나는 이전에 비해 자신을 더 탓하거나 비난하지 않는다.	0
	나는 이전에 비해 나 자신을 더 많이 탓한다.	1
	내가 저지른 실수는 다 나의 잘못 때문이라고 생각한다.	2
	안 좋은 일이 벌어지면 다 나 때문인 것 같아 자신을 비난한다.	3
❾ 자살 사고 및 자살 소망	나는 자살 같은 것은 생각하지 않는다.	0
	나는 자살을 생각해본 적은 있지만, 행동으로 옮기지는 않을 것이다.	1

	나는 자살하고 싶다.	2
	나는 기회만 있으면 자살할 것이다.	3
⑩ 울음	나는 이전보다 울음이 더 많아지지 않았다.	0
	나는 이전보다 울음이 더 많아졌다.	1
	나는 사소한 일에도 울음이 터져 나온다.	2
	나는 울고 싶어도 울 기력조차 없다.	3
⑪ 초조	나는 이전보다 더 초조하거나 긴장되지 않는다.	0
	나는 이전보다 더 초조하고 긴장된다.	1
	나는 너무 초조해서 가만히 있기가 어렵다.	2
	나는 너무 초조해서 계속 움직이거나 뭐든 하고 있어야 한다.	3
⑫ 흥미 상실	나는 사람들이나 일에 대한 관심이 변하지 않았다.	0
	나는 사람들이나 일에 대한 관심이 이전에 비해 줄어들었다.	1
	나는 사람들이나 일에 대한 관심이 많이 줄어들었다.	2
	나는 어떤 것에도 관심을 갖기가 힘들다.	3
⑬ 우유부단	나는 이전처럼 결정을 잘 내린다.	0
	나는 이전처럼 결정을 내리기가 힘들다.	1
	나는 이전처럼 결정을 내리는 것이 너무 힘들다.	2
	나는 어떤 결정을 내리기 힘들다.	3

⑭ 무가치감	나는 내가 무가치한 사람이라고 느끼지 않는다.	0
	나는 내가 이전만큼 가치 있고 쓸모 있는 사람이라는 생각이 들지 않는다.	1
	나는 다른 사람들보다 무가치한 사람이라는 느낌이 든다.	2
	나는 완전히 무가치한 사람이라는 느낌이 든다.	3
⑮ 기력 상실	나는 이전에 비해 기력이 떨어지지 않았다.	0
	나는 이전보다 기력이 떨어졌다.	1
	나는 기력이 많이 떨어졌다.	2
	나는 기력이 너무 없어 아무 일도 할 수가 없다.	3
⑯ 수면 양상 변화	나는 수면 양상에 변화가 없다.	0
	나는 이전보다 잠이 약간 늘었다 or 줄었다.	1
	나는 이전보다 잠이 훨씬 늘었다 or 줄었다.	2
	나는 거의 하루 종일 잠을 잔다 or 이전보다 1~2시간 일찍 잠을 깨고, 다시 잠들기 어렵다.	3
⑰ 짜증	나는 이전에 비해 짜증이 심해지지 않았다.	0
	나는 이전에 비해 짜증이 약간 늘었다.	1
	나는 이전에 비해 짜증이 훨씬 심해졌다.	2
	나는 항상 짜증이 난다.	3
⑱ 식욕 변화	나는 식욕에 변화가 없다.	0
	나는 이전에 비해 식욕이 약간 줄었다 or 늘었다.	1
	나는 이전에 비해 식욕이 많이 줄었다 or 늘었다.	2

	나는 식욕이 전혀 없다 or 음식에 대한 욕구가 심해졌다.	3
⓳ 주의 집중 어려움	나는 이전처럼 집중을 잘할 수 있다.	0
	나는 이전만큼 집중을 잘할 수 없다.	1
	나는 어떤 일에도 오래 집중하기가 어렵다.	2
	나는 어떤 일에도 전혀 집중할 수가 없다.	3
⓴ 피로감	나는 평소보다 더 피곤하지는 않다.	0
	나는 평소보다 더 쉽게 피곤해진다.	1
	나는 너무 피곤해서 이전에 해왔던 많은 일들을 하기 힘들다.	2
	나는 너무 피곤해서 이전에 해왔던 일들을 아무것도 할 수 없다.	3
㉑ 성性에 대한 흥미 상실	나는 성에 대한 관심이 별다른 변화 없이 유지되고 있다.	0
	나는 이전에 비해 성에 대한 관심이 줄었다.	1
	나는 최근에 성에 대한 관심이 상당히 줄었다.	2
	나는 성에 대한 관심을 완전히 잃었다.	3

내게 해당하는 문항을 선택했다면 각 점수를 모두 더해보자. 총점수가 14점 이상이면 가벼운 우울 상태로, 여행이나 운동같이 기분 전환을 위한 노력이 필요한 수준이다. 통상적으로 20점 이상이면 전문가의 도움을 받아야 한다고 알려져 있

다. 물론 감정이라는 게 상황에 따라 변할 수도 있어서 단편적으로 판단할 수 있는 문제는 아니다. 자가 척도는 참고로 알아두고, 본인이 판단하기에 혼자서 극복하기 힘들 것 같으면 언제든 병원을 방문하여 도움을 받도록 하자.

우울증 치료는 어떻게 이루어지나요?

병원에 가면 기본적으로 면담과 검사를 통해 증상의 심각도를 진단한다. 증상에 따라 항우울제나 신경안정제 같은 약물 처방이 이루어질 수도 있다. 한때 우울증은 마음의 상처 때문에 생기는 병이라고 여겨졌지만, 많은 연구를 거쳐 과거 트라우마와 상처뿐만 아니라 뇌의 신경전달물질의 불균형이 우울증을 유발할 수 있다는 사실이 드러났다. 항우울제는 세로토닌이나 노르에피네프린 등 신경전달물질의 균형을 잡아주어 우울감이 줄어드는 데 많은 도움을 준다. 약물 복용을 꺼리는 사람들도 있는데, 대부분의 정신과 약물은 의존성과 내성이 없으니 겁부터 먹지 않아도 된다. 가장 흔한 부작용으로는 속 불편감이 있으며, 기타 부작용도 드물게 나타날 수 있지만 심각한 수준은 아니다.

정신건강의학과 의원 이외에도 보건복지부에서 운영하는 국립정신건강센터에서 무료로 상담을 받아볼 수도 있다. 정신건강센터는 보통 해당 지역(시, 구) 보건소에서 관리하고 있고, 지역민의 정신건강 증진을 위한 정신건강 검진 사업 및 상담, 병·의원 안내 서비스, 사례 관리, 자살 예방 사업, 아동·청소년 정신건강 관리 등 다양한 업무를 하고 있으니, 필요하면 언제든 문의해서 도움을 받기 바란다.

재활의학과 전문의
이의창

야근할 때 틈틈이 스트레칭합시다

"벌써 시간이 이렇게 됐네……."

시계를 보니 8시가 훌쩍 넘었는데, 아직 할 일이 산더미다. 오늘도 또 야근이다. 얼른 퇴근해서 쉬고 싶은 마음이 굴뚝 같지만 어쩌겠는가, 개미는 오늘도 열심히 일을 해야 한다. 요즘 새로 시작한 운동 때문인지 몸도 찌뿌둥하고, 저녁을 급하게 먹어서인지 참을 수 없는 졸음이 몰려온다. 아침부터 저녁까지 계속 앉아 근무를 하니 목부터 시작해서 어깨, 허리, 다리까지 안 아픈 데가 없다. 마치 독감이라도 걸린 것처럼 온몸이 아프다.

나쁜 자세든 좋은 자세든 장시간 같은 자세로 있으면 근육이 위축되고 경직되어 통증이 생긴다. 척추를 받쳐주는 근육이나 인대가 부분적으로 약해지고 긴장되어 척추의 정렬이 망가질 수도 있다. 또 오래 가만히 앉아 있으면 움직임이 적기 때문에 자연스럽게 살이 찌게 된다. 체중이 늘어나면 척추가 받는 하중이 증가해 관절에도 부담을 준다. 이런 복합적인 요인으로 인해 일을 하고 나면 몸이 찌뿌둥하고 아픈 것이다. 그러니 일을 하는 중에도 틈틈이 몸을 움직여주는 게 좋다. 업무 특성상 움직일 여유가 없다면 적어도 1시간에 한 번 정도는 자리에서 일어나 활짝 기지개를 켜거나 호흡을 깊게 하면서 뭉친 근육을 충분히 풀어주는 스트레칭을 해주어야 한다. 스트레칭은 뭉친 근육뿐 아니라 경직된 관절도 이완시켜주므로 근골격계 통증에 큰 효과가 있다. 업무 중 잠깐 시간을 내어 할 수 있는 유용한 동작 몇 가지를 소개하니 같이 따라해보자.

앉아서 할 수 있는 어깨와 허리 스트레칭

첫 번째로 소개할 스트레칭은 목뒤부터 어깨와 등까지 뻐근한 결림 혹은 통증이 있을 때 하면 좋은 운동이다. 먼저 몸에 최대한 힘을 빼고 숨을 고르게 쉬어보자. 팔꿈치는 몸통에 최대한 붙인 상태에서 양팔을 들어올려 90도로 굽힌다. 가슴을 최대한 확장시키며 양측 견갑골(날개뼈)을 서로 최대한 붙게 만든다. 이때 고개는 가볍게 뒤로 젖히는데, 억지로 너무 많이 젖히려 하지 말고 통증이 없는 범위 내에서 자연스럽게 하면 된다. 이 자세를 3~5초간 유지한 후 다시 처음으로 돌아온다. 한 번 할 때 다섯 번씩 반복해주면 된다. 이 스트레칭을 30분에서 1시간마다 해주면 거북목을 예방하고, 뒷목과 어깨 뭉침

✳ 뒷목과 어깨 스트레칭

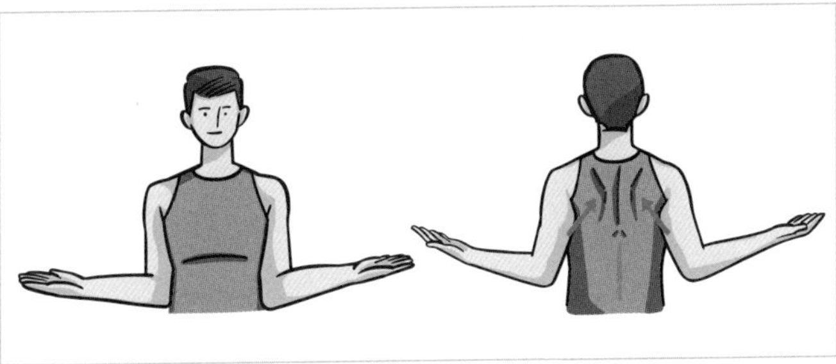

도 예방할 수 있다.

다음은 간단한 허리 스트레칭이다. 먼저 엉덩이를 의자에 바짝 붙여 앉는다. 양손은 깍지를 끼고 머리 위로 쭉 뻗는다. 팔을 그대로 유지한 상태에서 가슴을 활짝 피면서 등을 가볍게 뒤로 젖혀 허리를 C자형 곡선으로 만든다는 생각으로 5~10초간 유지한 다음 처음 자세로 돌아온다. 이 동작을 수차례 반복한다. 이 두 가지 운동은 자리에 앉은 상태에서 간단하게 할 수 있으면서 효과도 좋은 스트레칭 방법이다.

벽을 이용한 스트레칭

다시 한번 강조하지만 가장 좋은 건 잠깐이라도 자리에서 일어나서 돌아다니는 것이다. 자연스럽게 종아리 근육을 사용하면서 혈액순환도 돕고, 안 쓰던 근육을 사용해 근육의 긴장이 풀어지고 관절이나 근육에 가해지는 부담을 줄일 수 있다. 만약 공간이 조금 있다면 벽을 이용해서 스트레칭을 하는 것도 좋다. 벽에 기대어 스쿼트를 하거나 벽에 손을 짚고 햄스트링과 종아리 근육을 스트레칭할 수 있다.

다리를 어깨너비만큼 벌리고 서서 벽에 등을 기댄다. 이

✳ 벽을 이용한 스쿼트(왼쪽)와 햄스트링 스트레칭(오른쪽)

때 엉덩이와 양쪽 견갑골, 머리가 벽에 닿아야 한다. 그다음 허벅지가 바닥면과 평행이 되도록 무릎을 굽혀 앉는다. 배에 살짝 힘을 주고 등을 편 상태를 유지해야 한다. 5~10초 정도 유지하고 다시 올라온다. 내려가서 버티는 시간을 점차 늘려가면 좋다. 맨몸 스쿼트가 부담스러운 사람이나 무릎에 통증이 있는 사람에게 추천하는 틈새 운동이다.

다음은 뒷다리를 풀어주는 햄스트링 스트레칭 방법이다. 벽을 두 손으로 짚고 한 발은 앞으로, 한 발은 뒤로 보낸다. 뒤로 보낸 다리의 무릎을 완전히 펴주어 종아리 근육과 햄스트링을 이완시켜준다.

간혹 스트레칭을 할 때 뼈에 '우두둑' 소리가 나야 시원하다고 느끼며 과격하게 동작을 하는 사람들이 있는데, 이는 잘못된 방법이다. 뼈에서 소리가 나는 이유는 관절이 어긋나면서 뼈끼리 마찰이 일어나기 때문이다. 일부러 이런 동작을 반복하면 마찰 부위의 뼈가 과도하게 자라나 관절염이 발생할 수 있으니 유의하자.

직장인의 밤

제대로 쉬는 법도 배워야 합니다

(feat. 야근과 회식은 가라)

내과 전문의
이응현

회식했어요, 오늘도

"오늘 저녁에 회식 어때?"

길고 긴 회사의 업무는 끝났지만 오늘도 A 씨는 집에 가지 못한다. 코로나 바이러스 유행으로 다들 회식이 많이 줄었다고 하는데, 회식을 워낙 좋아하는 팀장님 때문에 A 씨는 꽤 자주 모임을 했다. 빨리 집에 가서 침대에 누워서 쉬고 싶지만, 오늘도 어김없이 A 씨와 팀원들은 식당에 끌려왔다. 삼겹살이 불판 위에 올라가고, 소주와 맥주가 테이블에 한가득이다. A

씨는 원래 술을 잘 못 마셨는데, 직장을 다니고 나서 술이 점점 늘었다. 그만큼 회식이 자주 있었고, 그때마다 술을 마시지 않으면 눈치가 보였기 때문이다. 하지만 주량이 느는 만큼 피부는 늙고 간은 피로해지는 법이다. A 씨는 지난달 건강검진 때 간 수치가 올랐다는 이야기를 들었다. 의사는 특별히 다른 간 질환이 없으니 술이 원인일 가능성이 크다고 술을 좀 줄이라고 했다. 하지만 그게 어디 쉬운 일인가? A 씨는 '아직 젊으니까 괜찮겠지' 하며 애써 넘겼지만 마음 한구석이 불편했다. 술이 우리 몸에 어떤 영향을 미치는지 자세히 알아보자.

당신의 간은 괜찮은가요?

우리나라 사람들의 연간 알코올 소비량은 9L 정도로, OECD 국가 중에서 상위권에 속한다. 최근 1년간 한 달에 한 번 이상 음주한 성인 남녀의 비율 역시 지난 10여 년간 지속적으로 증가해 2015년에는 남성이 75.2%, 여성이 46.5%에 달했다. 수치로만 봐도 음주량이 엄청나다는 것을 알 수 있다. 그만큼 음주로 인한 질병이나 건강 문제를 호소하는 사람들도 많아지고 있다.

몇 년 전만 해도 하루에 술 한두 잔 정도 마시는 것은 몸에 좋다는 이야기가 있었지만, 이는 사실이 아닌 것으로 밝혀졌다. 2008년 국제암연구기금은 〈운동, 비만, 식생활과 암에 관한 보고서〉에서 하루 한두 잔 이내의 소량 음주로도 암 발생 위험이 증가할 수 있기 때문에 안전한 수준의 음주란 없다고 주장했다. 다수의 해외 연구를 보더라도 술 자체는 암 발생 위험을 늘리는 요소임을 알 수 있다. 일부 연구 결과에서 막걸리나 와인이 암 예방 효과가 있다고는 하지만 이는 술에 담긴 다른 부산물들이 주는 효과인 것이지, 알코올 자체에는 암 예방 효과가 없다. 결국 술은 특별히 우리 몸에 이로울 것이 없다는 말이다.

술은 굉장히 의존성이 강한 물질이며, 암 발생률을 높일 뿐만 아니라 뇌졸중과 심장마비 발생 가능성을 높이고, 알코올성 치매 같은 병처럼 신경계에 이상을 초래하기도 한다. 그런데 그중에서도 가장 문제가 되는 것은 '간'이다. 술에 들어 있는 에탄올은 간에서 분해가 되는데, 분해 과정에서 발암물질인 아세트알데하이드가 생성되어 간 손상을 유발한다. 술을 적게 마시든 많이 마시든 알코올을 섭취하면 간 손상이 일어나고, 이로 인해 알코올성 지방간이 생길 수 있다. 지방간이 지속되면 알코올성 간염이 발생할 가능성이 높아지고, 심하면 간경변으로 발전하게 된다. 간경변이란 염증으로 인해 간이 딱딱하게 굳어버리는 질환이다. 간경변이 생기면 다시 건강한 간으로 돌아가기 어렵기 때문에 조심해야 한다. 그런데 간경변이 생긴다고 바로 증상이 나타나는 건 아니니다. 그러니 건강검진을 게을리하면 내 간이 망가지고 있는 줄도 모르고 병을 키우는 수가 있다. 간은 '소리 없는 장기'라는 말도 있지 않은가. 간경변까지 진행되면 간암 발생률이 급격히 증가하고, 복수가 차거나 식도 정맥류가 발생해 사망에 이를 수도 있다.

술을 마시는 모든 사람에게 알코올성 간 질환이 발생한다고 할 수는 없다. 간의 해독 능력은 유전적인 영향이 크기 때문에 같은 양의 술을 마시더라도 어떤 사람은 간 질환에 걸리고 어떤 사람은 그렇지 않을 수 있다. 하지만 확실한 것은 아무리 간이 건강한 사람이라도 지속적으로 오랫동안 술을 마신다면 알코올성 간 질환을 피해갈 수 없다는 것이다. 그렇다면 술로 인해 간 질환이 발생했다는 것을 알 수 있는 특별한 증상이 있을까? 안타깝게도 간은 악화되기 전까지는 특별한 증상이 없다. 약간의 피로감이나 소화불량처럼 알아채기 어려운 증상들이 있을 수 있으나, 간경변이 발생하기 전까지는 별다른 특이점이 없어 주의가 필요하다.

술, 꼭 마셔야 한다면 이렇게!

알코올성 간 질환을 치료하는 방법은 간단하다. 바로 술을 끊는 것이다. 우루사 같은 간 기능 개선제는 근본적인 원인을 해결하는 것이 아니기 때문에 간 수치를 낮출 수는 있으나 복용한다고 해서 치료가 이루어지지는 않는다. 약물 치료도 금주를 유지하는 데는 도움을 줄 수 있지만 병을 완전히 치료해주지는 않는다. 그런데 한 가지 희망적인 사실이 있다면, 이미 병이 많이 진행되었더라도 술을 줄이거나 끊는다면 간 기능과 조직이 호전될 수 있으며, 장기적으로는 사망률을 낮출 수 있다. 술을 끊는 것도 중요하지만 영양분을 잘 섭취하는 것도 잊지 말아야 한다. 술에 의존적인 사람들은 술만 많이 먹기 때문에 신체와 간의 회복에 필요한 영양분이 부족하다. 그렇기에 균형 잡힌 식사와 충분한 수분 섭취가 중요하다.

술을 꼭 마셔야 하는 상황이라면 다음 내용을 반드시 기억하고 실천하자. 이렇게만 해도 간 건강은 많이 좋아질 것이다. 조용하지만 무서운 간 질환, 미리 관리하여 후회 없이 건강을 지켰으면 좋겠다.

첫 번째, 술을 마실 때는 최대한 조절해서 적게 마신다. 섭취하는

알코올의 양이 중요하기 때문에 양을 줄여야 한다.

두 번째, 술을 마시는 간격을 늘린다. 한 번에 마시는 양도 중요하지만 얼마만큼 자주 마시는지도 중요하다. 2~3일에 한 번씩 마셨다면 일주일에 한 번으로 간격을 늘리자.

세 번째, 술만 마시지 않고 수분을 충분히 섭취한다.

네 번째, 술을 마시지 않는 식사 시간에는 야채와 과일을 골고루 섭취한다.

다섯 번째, 간 기능에 이상 신호가 온다면 술을 반드시 끊는다.

정형외과 전문의
이시영

직장인은 언제 어떻게 운동을 할 수 있죠?

밤 10시, 하루 일과를 마치고 나니 녹초가 되어 아무것도 하기 싫다. 유일하게 하는 거라곤 누워서 유튜브 보기, 야식에 맥주 한잔하는 것이니 점점 살이 찔 수밖에 없다. 마음먹고 등록해놓은 헬스장, 요가, 필라테스는 중도 포기한 지 오래다. 초반에는 잘해보겠다는 마음가짐으로 열심히 갔지만, 잦은 야근과 회식으로 한두 번 빠지기 시작하니 처음의 열정은 사라져버렸다. 아침부터 저녁까지 일하고 집에 와서 밥 먹고 씻고 이것저것 하다 보면 운동할 시간도 없고, 마음의 여유도 없다.

그렇다면 직장인들은 운동을 할 수 없는 것일까? 그렇지 않다. 처음부터 거창하게 운동 계획을 세우기보단 생활 속에서 할 수 있는 간단한 운동을 시작해보자. 퇴근 후에 운동을 해야 한다는 부담감을 덜 수 있어 훨씬 쉽게 시작할 수 있다. 간단한 운동으로 기초 체력과 근육량을 늘린다면, 퇴근 후에 다른 운동을 시작하는 것도 크게 어렵지 않을 것이다.

짧고 효과적인 운동, 계단 오르기

직장인들이 현실적으로 할 수 있는 생활 운동으로 먼저 '계단 오르기'를 추천한다. 사무실에 올라갈 때, 퇴근하고 집에 갈 때 엘리베이터를 타지 않고 계단을 걸어 올라가보자. 체중이 55kg인 사람을 기준으로 30분간 산책을 하면 대략 69kcal가 소비되고 약간 빠르게 걸으면 91kcal가 소모되는 데 비해 계단을 오르면 무려 202kcal를 소비할 수 있다. 적은 양이라고 볼 수 있지만, 운동을 안 하던 사람이 꾸준히 하면 하체 근력이 강화되고 기초대사량이 올라간다. 우리 몸에서 하체 근육은 전체 근육의 30%를 차지할 정도로 아주 큰 근육이며, 혈류

량도 많아 많은 열량을 소모한다. 하체 근육을 길러주는 것은 다이어트의 기초 공사라고 보면 된다. 유명 모델 한혜진 씨가 방송에서 "내가 생각하는 가장 좋은 운동법은 계단 오르기다. 살이 정말 많이 빠진다"라고 언급해 화제가 된 적도 있다. 계단 오르기는 일상생활에서 실천하기도 쉽고, 효과도 좋은 운동법이다.

계단을 오를 때는 자세를 신경 써야 한다. 허리는 곧게 펴고 시선은 정면을 향하거나 5도 위를 향해준다. 발은 절반만 계단에 걸친다 생각하고 허벅지 근육과 엉덩이에 힘을 주면서 밀어내듯이 올라가는 것이 좋다. 그리고 팔꿈치는 90도로 굽혀 힘차게 앞뒤로 저어주면 운동 효과를 높일 수 있다. 다만 계단을 오르다가 어지럽거나 다리에 힘이 풀리면 낙상의 위험이 있으므로 너무 무리하게 하지 않도록 주의한다. 갑자기 과도하게 운동을 하면 무릎 관절에 무리가 갈 수 있으니 차근차근 강도를 올리길 추천한다.

회사에서도 할 수 있는 팔굽혀펴기

두 번째 추천하는 운동은 '벽 짚고 팔굽혀펴기'다. 회사에서 바닥에 엎드려 팔굽혀펴기를 하기는 어렵지만, 가볍게 벽을 짚고 팔굽혀펴기를 하는 것은 쉽다. 먼저 가슴 높이에서 두 팔을 어깨너비만큼 벌려 바닥을 짚듯이 벽을 짚는다. 하체를 뒤로 빼 기울기를 만들어 팔굽혀펴기를 해준다. 이때 상체부터 하체까지 일직선을 유지하고 팔의 힘으로 반동 없이 움직여야 한다. 허리를 똑바로 편 상태로 척추 기립근에 힘을 주고 시행한다. 한 번에 15~20개씩 틈틈이 해주면 도움이 된다. 벽이 아닌 책상을 짚고도 할 수 있으니 몸이 찌뿌둥할 때는 가끔 자리에서 심호흡을 하고 이 운동을 해보자. 혈액순환도 되고 일의 효율도 올라갈 것이다.

걷기 운동으로 저질 체력 탈출!

의학의 아버지라 불리는 히포크라테스는 이런 말을 했다. "걷기는 인류에게 가장 좋은 약이다." 마지막으로 추천하고 싶은 운동은 바로 걷기다. 걷기는 어디서나 누구나 쉽게 할 수 있는 운동이다. 헬스장 러닝 머신 위에 올라갈 시간이 없다면 평상시에 걷는 시간을 늘리면 된다. 원래는 짧은 거리에도 자가용을 이용하거나 택시를 탔다면 이젠 웬만한 거리는 걸어서 가

✳ 올바른 걷기 자세

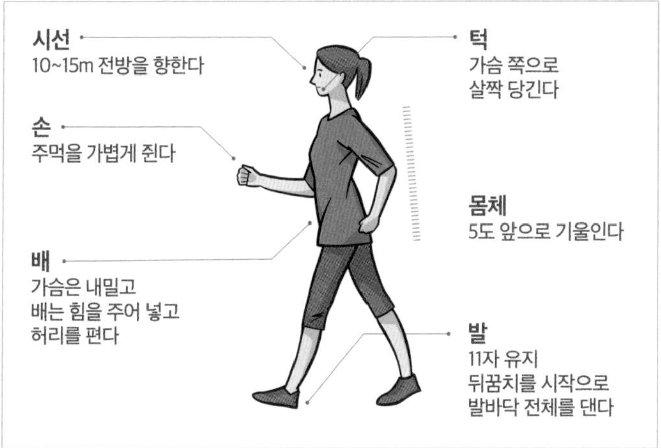

보자. 음악을 들으면서 혹은 친구와 전화로 수다를 떨면서 걸으면 어느 순간 목적지에 도착해 있을 것이다.

걷는 자세도 매우 중요하다. 우선 허리부터 목까지 척추를 세워준다는 느낌으로 허리와 목을 바르게 펴야 한다. 가슴을 편 상태로 시선은 정면을 향하고 팔은 몸을 스치면서 자연스럽게 앞뒤로 움직여준다. 발은 11자가 되도록 유지하면서 발뒤꿈치부터 발바닥, 엄지발가락 순서로 닫도록 해야 한다. 발 전체로 땅을 디딘다는 느낌으로 걷는다. 여기서 더 발전시켜서 배에 힘을 주고, 허리를 핀 자세에 신경 쓰면서 허리 근육에도 살짝 힘을 준다면 코어 근육이 강화되면서 허리 건강에도 많은 도움이 된다. 하루에 최소한 20분에서 40분을 이렇게 걷기 시작한다면, 저질 체력에서 탈출할 수 있을 것이다.

✚✚✚ 직장인 건강 고민, 의사에게 물어보세요 ✚✚✚

Q 운동을 안 하다가 시작하니 너무 힘이 듭니다. 그러다 보니 운동으로 체력이 쌓이기도 전에 그만두게 되는데요, 얼마나 지속해야 체력이 좋아질까요?

A 우선 시작을 한 것만으로도 칭찬드리고 싶어요. 시작이 반이라고 운동을 시작하셨다면 절반은 성공하신 것입니다. 체력이 느는 기간은 개인차가 있겠지만, 보통 1주 정도는 운동을 하면 오히려 더 지치지만 2주차가 지나가면서 점점 덜 버거워질 거예요. 그게 바로 체력이 쌓여간다는 증거입니다. 조금만 더 힘을 내세요!

Q 살을 빼려면 유산소 운동을, 근육을 키우려면 무산소 운동을 해야 한다고 들었는데, 둘 중 뭐가 더 효과적인가요?

A 근육을 키우고 근육의 힘을 증가시키기 위해서는 무산소가 더 효율적이라고 알려져 있지만, 사실 살을 빼려면 유산소와 무산소 운동이 적절히 병행되어야 합니다. 무산소 운동으로 근육량을 늘려 기초 대사량을 높이면서 유산소 운동을 한다면 훨씬 더 다이어트에 효과적일 것입니다.

피부과 전문의
김태한

자기 전에 올바른 샤워로 피부를 지켜볼까?

퇴근 시간, 사람이 꽉꽉 들어찬 지하철에 겨우 끼어 탔다. 에어컨이 제대로 나오지 않아 땀이 줄줄 난다. 겉옷을 벗고 싶지만 그럴 만한 공간도 없다. 그렇게 땀범벅이 된 상태로 내려 집에 도착했다. 회사 일에 지쳐 노곤하지만 바로 샤워를 하러 들어간다. 사람들과 부대끼면서 땀을 흘렸더니 몸이 끈적이고, 마스크를 쓰고 있던 탓에 얼굴이 너무 답답하다. 피부가 익지 않을 정도의 뜨끈한 물을 틀어놓고 땀과 노폐물, 먼지를 제거하기 위해 타월로 박박 문지르면서 때를 벗긴다. 얼굴은 인터넷에서 추천한 세안 브러시를 사용해 모공까지 꼼꼼히 문질러준다.

'이 정도면 피부가 깨끗해졌겠지?'

이 상황은 우리가 씻을 때 흔히 마주하는 광경이다. 하지만 계속 이런 식으로 씻다가는 해로운 균을 씻어내기도 어렵고, 피부가 서서히 망가지게 된다. 우리가 몸을 씻는 가장 큰 이유는 질병을 유발하는 해로운 병원균을 씻어내고, 자연적으로 분비된 오래되고 산화된 피지와 노폐물을 주기적으로 씻어 냄새를 방지하는 것이다. 그러나 올바른 방법으로 씻지 않는다면 둘 다 제대로 씻어낼 수 없다. 그럼 지금부터 하루의 피로를 풀어주면서도, 균과 노폐물을 씻고 피부를 지키는 바람직한 샤워 방법을 공개한다.

언제 얼마나 씻는 게 좋나요?

샤워를 아침에 하는 것이 좋을까, 저녁에 하는 것이 좋을까? 결론부터 말하자면 저녁에 하는 것이 좋다. 집 밖에는 온갖 미지의 세균과 곰팡이, 바이러스가 있다. 나도 모르게 만지는 문고리, 엘리베이터 버튼, 어쩌다 스친 다른 사람의 옷깃 등 나쁜 병균이 옮을 수 있는 통로는 너무나 많다. 그중에서도 코로나 바이러스는 다른 사람과 대화를 나누거나 같은 공간 안에 있기만 해도 몸 곳곳에 안착할 수 있다. 그러니 밖에서 활동을 하고 집에 돌아오면 바로 몸을 구석구석 꼼꼼하게 씻어주는 것이 이상적이라고 할 수 있겠다.

그런데 자고 일어나면 얼굴이 번들거리고 머리카락이 기름져서 아침에 하는 샤워를 포기하지 못하겠다는 사람도 있을 것이다. 그렇다면 아침에도 씻고, 저녁에도 씻기를 추천한다. 요즘 같은 시대에 잘 씻는 것도 스스로를 지키는 노력 중 하나다. 우리 몸에서 두피와 얼굴은 특히나 피지샘이 많은 곳이다. 피지는 유분을 공급하여 피부를 매끄럽게 유지하고 보호해주는 성분이지만, 과다하면 지루성 피부염이나 여드름을 유발할 수 있다. 따라서 피지 분비가 많은 사람은 하루에 2회, 많으면 3회까지 씻어주는 것이 좋다. 다만 이마와 코 부위인 T존에는 피지가 많지만, 볼과 입 주변 U존에는 피지가 적은 복합성 피부의 사람들은 피지가 적은 U존을 하루에 두세 번 세척력이 강력한 클렌저로 씻으면 피부가 건조해져 틀 수 있다. 따라서 피부 상태에 따라 T존만 거품을 묻혀 씻는 부분 세안을 해주는 것이 좋다.

✳ 피지가 많은 T존과 피지가 적은 U존 부위

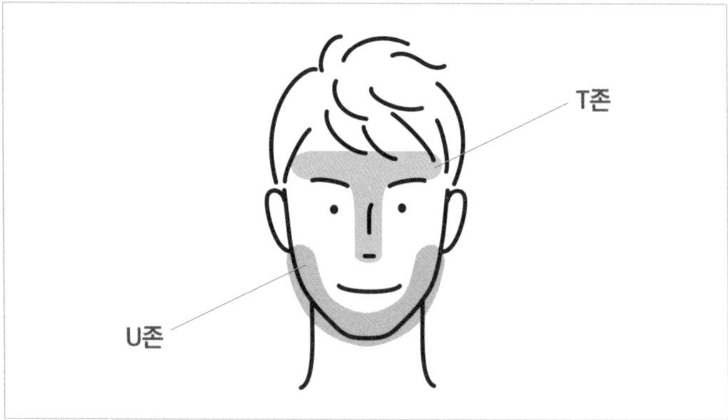

따뜻한 물, 피부에는 적?

샤워할 때 물 온도는 어떤 게 좋을까? 몸이 흐물흐물 녹아내리게 만들 뜨거운 물? 아니면 정신을 번쩍 나게 만들고 몸에 활력을 불어넣을 시원한 물? 어떤 사람들은 따뜻한 물로 하다가 마무리는 찬물로 하는 게 어떠냐고 묻기도 한다. 하지만 가장 좋은 방법은 미지근한 물로 쭉 씻는 것이다. 뜨거운 물은 혈액순환에는 도움이 되겠지만 피부에는 하등 도움되지 않는다. 뜨거운 고깃국에 둥둥 뜬 기름을 본 적이 있는가? 뜨거운 물은 조직에 있는 기름기를 쫙 빼는 역할을 한다. 우리 몸에서 기름기, 즉 피지는 피부를 보호하고 보습하는 매우 중요한 역할을 하는데, 뜨거운 물로 씻으면 피부에 있는 피지와 보습 인자까지 과하게 씻어버리게 된다. 그러면 피지가 없어 매우 건조해진 피부는 마른 논두렁처럼 트기 시작할 것이다. 게다가 찬물이나 뜨거운 물로 씻으면 피부 온도가 변하기 때문에 피부병을 유발할 수 있다. 얼굴에 홍조를 유발하는 대표적인 질환인 주사Rosacea는 피부의 온도 변화가 들쭉날쭉할수록 나빠진다. 찬물로 씻는 것이 안 좋은 이유 중에 하나다.

피부가 물에 닿는 시간도 적당해야 한다. 길어도 15분에서 20분 이내로 샤워나 목욕을 마치는 것이 좋다. 물에 오래 노출된다고 피부에 보습이 되는 건 결코 아니다. 샤워를 과하게 오래 하면 오히려 수분이 빼앗기니 주의해야 한다.

때 타월은 멀리, 보습제는 가까이!

흔히들 샤워나 목욕을 할 때 샤워 타월 또는 때 타월을 이용해 몸을 민다. 하지만 나는 타월을 아예 욕실에서 없애길 권한다. 타월은 피부 가장 바깥층을 필요 이상으로 손상시킨다. 피부의 가장 바깥층은 소위 말하는 '때'인데, 우리나라에서는 때가 불필요하고 더러운 것이라는 인식이 있어서 주기적으로 제거하는 이들이 많다. 하지만 다른 나라를 보면 우리처럼 때밀이 문화가 있는 곳은 거의 없고, 때를 밀지 않아도 피부에 문제없이 잘 살아간다. 게다가 타월은 습한 환경에서 물기를 머금고 있어 온갖 세균들의 집합소가 되기 쉽다. 가뜩이나 더러운 노폐물과 세균을 매일 씻어내는데, 바짝 마르는 시간도 없이 방치된 타월은 세균들이 자라기 매우 좋은 환경이다.

그럼 타월 없이 어떻게 샤워를 할까? 클렌저를 두 손에 짜고 비벼서 거품을 만든 다음에 부드럽게 전신에 문질러준다. 이 정도만 해도 더러운 노폐물과 세균들은 충분히 씻겨 나간다. 더욱 신경 써서 씻을 부위는 살과 살이 접히는 부위다. 귓바퀴부터 시작해서 겨드랑이, 사타구니를 꼼꼼하고 부드럽게 씻도록 하자. 이 부위들은 분비물이 많을뿐더러 구조적으로 덥고 습할 수밖에 없기에 매일 씻지 않으면 냄새가 날 수 있다.

그리고 또 다른 중요한 부위는 발이다. 발을 씻으려면 허리를 굽혀야 하기도 하고, 흐르는 물과 클렌저가 발을 지나가며 세척해줄 거라는 안이한 생각을 가지기 쉬워 깨끗이 씻는 사람들이 생각보다 별로 없다. 하지만 발은 하루 종일 양말과 신발 속에서 숨도 못 쉰 채 갇혀 있다. 이러한 환경에서는 땀이 많이 나고, 공기가 잘 통하지 않기에 세균이 자라기가 쉽다. 직업상 작업화를 신는 군인이나 땀을 많이 흘리는 운동 선수들은 상태가 더 심각한 경우가 많다. 이처럼 습한 환경은 곰팡이를 증식시켜 발 무좀을 만들 수 있으니, 샤워할 때 꼭 발을 제대로 씻어주자.

샤워가 끝나고 나면 당장 욕실 밖으로 나가고 싶은 마음이 든다. 하지만 딱 3분만 참고 이렇게 해보자. 우선 수건으로 물기를 닦는다. 이때 너무 꼼꼼히 물기를 제거할 필요는 없다. 물기를 대충 제거한 다음 바디 로션을 발라준다. 샤워를 하면서 적당량의 수분이 피부에 침투한 상태에서 이 수분이 소실되지 않도록 로션으로 막을 형성해주는 작업이다. 특히 건조한 겨울철에는 로션을 아끼지 말고 몸 전체가 매끈해지도록 듬뿍듬뿍 발라주자.

지금까지 일반적인 피부를 가진 사람에게 권장하는 샤워 방법을 소개해보았다. 그렇다면 매우 건조한 피부나 아토피 피부염이 있는 사람은 어떻게 씻는 게 좋을까? 큰 틀은 소개해준 방법과 다르지 않으나 몇 가지 추가로 지켜야 할 사항들이 있다. 피부에 매일 클렌저 거품을 닿게 하는 것은 좋지 않다. 건조한 부위는 이틀에 한 번씩만 클렌저를 사용해 씻고, 그렇지 않을 때는 흐르는 물로만 씻어준다. 또 샤워보다는 목욕을 하는 것이 좋다. 뜨겁지 않은 미지근한 물에 15~20분 정도 몸을 담그면 하면 피부 깊숙이 수분이 침투하게 된다. 역시 이때도 목욕을 너무 긴 시간 동안 하는 것은 피해야 한다.

피부과 전문의
김태한

잠들기 전 들여다본 내 얼굴, 주름이 보인다?

"헉, 언제 여기 주름이 생겼지?"

우리의 얼굴은 날마다 조금씩 바뀐다. 하지만 매일 보다 보니 그 사실을 알아차리기는 쉽지 않다. 그러던 어느 날 문득 거울을 보는데 평소보다 안색이 어두침침하고 푸석푸석해진 것 같다. 이마나 미간, 눈가에도 하나둘 안 보였던 주름이 패여 있다. 많은 이들이 평소에는 방심하고 있다가 주름이 눈에 띌 때가 되어서야 경각심을 가지지만 이미 때는 늦었다.

피부를 주름 없이 탄력 있고 탱탱하게 만드는 성분은 콜라겐이다. 콜라겐은 젤리의 주성분으로 그 말캉말캉한 탄력성은 다들 잘 알고 있을 것이다. 20대 중반부터는 우리 몸에서 콜라겐이 서서히 감소하기 시작한다. 다시 말하면 20대 중반부터 본격적인 피부 노화가 시작된다고 봐도 된다. 매년 우리가 나이를 한 살씩 먹을 때마다 피부는 1%씩 콜라겐을 소실한다. 그러니 피부의 탄력이 줄어들고 주름이 패이는 것은 당연한 결과다. 60대가 되면 젊었을 때와 비교해서 콜라겐 양이 반이나 줄어든다. 피부 노화를 늦추는 방법에는 어떤 게 있을까?

노화를 막는 성분, 레티놀과 비타민C

우선 노화에는 예방 가능한 외인성 노화와 예방이 거의 불가능한 내인성 노화가 있다. 외인성 노화는 주로 자외선에 의해서 나타난다. 이 외인성 노화를 가장 잘 확인할 수 있는 곳이 바로 목욕탕이다. 목욕탕에서 나이 지긋한 어르신들의 엉덩이를 한번 살펴본 다음 시선을 옮겨서 얼굴을 보자. 얼굴의 주름이 더 많은가? 엉덩이의 주름이 더 많은가? 백이면 백 얼굴의 주름이 훨씬 많을 것이다. 이는 얼굴이 자외선을 가장 많이 받는 부분 중에 하나이고, 엉덩이는 햇빛을 볼 일이 거의 없는 부위이기 때문이다. 여기서 우리는 수십 년간 피부에 자외선을 받을 때 돌이킬 수 없는 노화가 일어난다는 사실을 알 수 있다.

노화를 예방하는 첫 번째 방법은 자외선 차단제를 바르는 것이다. 앞서 자외선 차단제에 대해서는 자세히 살펴보았으니 또 다른 예방법을 알아보자. 두 번째 방법은 항노화 제품을 사용하는 것이다. 대부분 안티에이징 기능성 화장품을 한두 가지 정도는 사용하고 있을 것이다. 안티에이징 기능성 화장품에는 어떤 성분이 들어갈까? 대표적인 성분이 '레티놀'과 '비타민C'다. 레티놀은 비타민A의 또 다른 이름으로, 실제 주름 개선 효과가 입증된 성분이다. 다만 피부 자극감이 있어 경우에 따라 붉어지거나 가려움증, 따가움을 유발할 수 있으니 민감한 피부에는 주의해서 사용해야 한다. 오래 발라야 효과를 체감할 수 있다 보니 시중에 나온 화장품들은 이러한 기능을 강화시키는 것보다는 부작용을 줄이기 위해 농도를 줄인 것들이 대부분이다. 안 그래도 오래 발라야 효과 있는 레티놀을 저농도만 섞어놨기 때문에 더더욱 효과를 체감하기는 힘들다.

한편, 레티놀의 대사체(트레티노인 등)는 항노화 기능은 레티놀보다 더 뛰어나나, 피부 자극감 또한 더더욱 크다. 그래서 누구나 손쉽게 접할 수 있는 화장품이 아닌 의약품으로 분류되어 있어 처방전이 있어야 구입할 수 있다. 이러한 제품에는 대표적으로 한때 유행이었던 '스티바' 크림이 있다. 레티놀의 활성 대사체인 트레티노인 성분으로 이루어진 이 크림은 항노화 효과가 입증된 제품이다. 꾸준히 바르면 피부 주름과 색소 병변도 개선될 수 있으며 피부가 한결 깨끗해진다. 하지만 의약품으로만 허가될 정도로 부작용을 주의해야 하는 제품이니 의사와 상담하여 사용할 것을 권한다. 이런 트레티노인도 적어도 1개월에서 6개월 정도는 발라야 체감할 만한 효과가 나타나기에 어느 제품을 바르든 부작용에 주의하면서 꾸준하게 바르는 것이 가장 중요하다.

두 번째로 비타민C는 먹는 제품이나 바르는 제품이나 둘 다 효과가 있다. 노화 방지를 위해 정확히 어느 정도의 용량을 사용해야 하는지는 정립되어 있지 않다. 적어도 비타민C가 들어있는 종합 비타민을 먹거나, 화장품 성분 중에 비타민C가 포함되어 있는 것을 사용하면 도움이 될 것이다. 그런데 간혹 피부 진피층에 콜라겐을 늘리기 위해서 콜라겐이 함유된 음식을 일부러 먹는 사람들이 있다. 이렇게 먹은 콜라겐은 과연 피부 속 콜라겐이 될까? 정답은 물론 '아니오'다. 일부 비양심적인 식품·영양제 업체들이 교묘한 마케팅으로 속이고 있지만, 콜라겐은 분자량이 굉장히 큰 덩어리여서 음식으로 섭취할 경우 그대로 흡수할 수 없다. 즉, 섭취 시 소화기관 내에서 잘게 쪼개져 콜라겐이었던 흔적조차 없이 작은 펩타이드로 흡수된다. 콜라겐을 쫄깃한 식감이나 맛으로 먹겠다면 말리지 않겠지만, 피부에는 도움이 되지 않는다.

보톡스와 필러, 피부 상태에 따라 다르다

다음 방법은 피부과 시술이다. 주름을 없애는 방법 중 가장 대표적이면서도 잘 알려진 게 보톡스다. 보톡스는 복어 독인 보툴리눔 톡신에서 따온 명칭이며, 근육을 마비시켜 이완되게 하는 효과가 있다. 얼굴 피부 안에 표정을 짓는 근육에 주입하면 그 근육이 이완되면서 주름도 같이 펴지게 된다. 얼굴 주름에는 표정을 지을 때만 보이는 동적 주름과 가만히 있을 때도 패여 있는 정적 주름이 있다. 정적 주름은 피부가 노화됨에 따라 콜라겐과 탄력 섬유가 감소해 표정을 지을 때 나타나는 주름들이 고정되면서 생기는데, 대부분 사람들이 자신이 늙었구나 느끼게 되는 첫 신호탄과 같다. 정적 주름이 생기기 시작하면 이미 항노화 관리 시작 시점으로는 늦었다고 본다. 가장 최상의 결과를 위해서는 정적 주름이 생기기 전부터 콜라겐 합성을 유도하는 레이저 시술이나 필링 시술을 받는 것이 좋다. 보톡스를 맞는 것도 고려해볼 만하다.

주름을 치료하는 또 하나의 시술은 필러다. 필러는 히알루론산 성분으로 피부에 주입하면 특별한 거부 반응 없이 수개월간 해당 부위에 볼륨감을 채워준다. 근육을 마비시켜 주름을 완화하는 보톡스와는 다른 개념으로 치료를 하기 때문에 어떤 위치에 어떻게 생긴 주름인가에 따라 보톡스나 필러 혹은 다른 복합적인 시술을 할 수 있다. 따라서 피부과에서 상담을 받을 때는 본인이 특정 시술을 지정하기보다는 피부과 전문의와 상담하고 본인의 상태에 적합한 시술을 권유받는 것이 좋다. 피부 상태에 대한 정확한 파악 없이 무작정 시술을 해달라고 찾아가면 오히려 이질감이 들거나 더 나빠져 보일 수 있다.

수면과 스트레스 관리가 필요해

노화를 늦추는 습관을 가지는 것도 매우 중요하다. 늦잠을 자고 난 다음 얼굴을 봤는데 왠지 피부가 평소보다 더 윤기 있어 보였던 경험이 있는가? 실제로 잠을 충분히 자는 것은 피부에 좋다. 스트레스도 피부 건강에 영향을 끼치는 요소다. 스트레스가 많아지면 스트레스 호르몬인 코티솔이 분비되는데, 코티솔은 피지 분비를 증가시켜 여드름을 만든다. 사실 스트레스 관리는 누구에게나 어렵고 힘든 일이다. 가끔은 직장 상사의 머리카락을 쥐어뜯고 싶을 때도 있고, 자기밖에 모르는 이기적인 친구에게 마음이 상할 수도 있다. 그럴 때는 깨끗하게 샤워를 한 후 얼굴에 팩을 붙여보자. 눈을 감고 팩을 하면서 조용히 마음을 가라앉히면 스트레스도 잡고 얼굴에 수분과 영양도 공급하는 일석이조의 행복을 누릴 수 있다.

미국의 링컨 대통령은 "마흔이 넘어가면 자신의 얼굴에 책임을 져야 한다"라는 말을 남겼다. 피부과 의사로서 그 말은 참 묘하게 들린다. 실제로 꾸준히 생활 속에서 피부 건강법을 실천하고 관리를 하는 사람들은 마흔이 훌쩍 넘어도 10년은 젊어 보이며, 활력 있고 건강해 보이기까지 한다. 낳아준 건 부모이지만, 책임을 지는 것은 자기 자신이다.

직장인 건강 고민, 의사에게 물어보세요

Q 민감성 피부는 레티놀 화장품이나 스티바 크림을 바르면 안 되나요? 바를 때 주의해야 할 사항을 알려주세요.

A 민감성 피부라면 레티놀 화장품은 소량만 사용해보고 자극감(붉음증, 가려움, 따끔거림, 당김)이 발생하면 중단하는 것이 좋아요. 스티바 크림은 레티놀보다 훨씬 강력하기 때문에 민감성 피부는 시도하지 않는 것을 추천해요. 민감성 피부가 아니라면 스티바 저농도(스티바 0.01%) 제품을 평소 쓰는 보습제에 섞어서 자기 전에 한 번씩만 발라보고, 몇 일 동안 자극감이 없다면 보습제와 섞지 않고 소량씩 발라보세요. 이렇게 몇 달 사용하고 난 후에도 큰 문제가 없다면 의사와 상담 후 스티바 고농도(스티바 0.025%)로 변경해볼 수 있습니다.

Q 음주나 흡연도 피부 노화에 영향을 끼치나요?

A 흡연은 피부 안과 밖으로 악영향을 미칩니다. 피부 안쪽으로는 피부로 가는 혈액량을 줄여 피부의 정상적인 활동에 악영향을 끼치고, 피부 탄력 또한 떨어지게 만들어요. 외부적으로는 담배 연기가 피부에 흡착되어 모공을 막거나 발암물질을 흩뿌립니다. 음주도 마찬가지입니다. 알코올을 해독하기 위해 우리 몸에서는 여러 호르몬의 변화가 일어나고 활성 산소가 증가하는데, 이것이 피부를 늙게 만듭니다. 더군다나 알코올을 분해하기 위해 막대한 수분이 소실되며 결국 피부로 가는 수분이 줄어 피부가 건조하고 푸석해져요. 팔팔한 20~30대에 아무런 생각 없이 즐긴 담배와 술이 40대 이후에는 피부 노화를 일으켜 건조하고 칙칙한 피부를 만들기 때문에 미리 주의하는 게 좋습니다.

Q 필러나 보톡스 같은 시술을 받고 싶은데, 부작용이 있을까 봐 걱정돼요.

A 우선 한 가지 꼭 알아야 할 사실은 의료 시술 중에 부작용이 아예 없는 시술은 없다는 것입니다. 피부과 시술은 다른 분야의 시술에 비해 부작용이 적은 편이에요. 보톡스는 근육을 일시적(보통 몇 주~개월)으로 마비시키는 역할을 합니다. 대부분 숙련된 의사들은 정확한 타깃 근육에 보톡스 주사를 놓기 때문에 부작용을 크게 걱정할 필요는 없지만, 드물게는 근육이 마비됨에 따라 종종 표정이 어색해지거나 눈꺼풀이 처지고 눈썹이 올라가는 등의 부작용은 있을 수 있어요. 다만 이것은 일시적인 증상이기 때문에 혹시나 원치 않는 부작용이 있더라도 기간이 지나면 회복됩니다.

하지만 필러는 부작용이 좀 더 위험합니다. 때로는 평생 가는 부작용을 만들 수도 있어요. 필러Filler는 말 그대로 피부 안쪽을 채워주는 시술인데, 이 필러가 정확한 타깃 부위에 들어가지 않고 혈관으로 들어간다면 문제는 심각해집니다. 눈으로 가는 혈관을 막으면 실명이 되는 경우도 드물게 있으며, 코나 이마 쪽 혈관을 막아 피부 괴사가 일어나는 경우도 있습니다. 따라서 중요한 혈관이 지나는 부위인 미간, 팔자주름 부위에 필러를 맞을 때는 경험이 많은 의사와 충분한 상담을 한 후 결정을 하는 것이 좋습니다. 그 외 부위에는 큰 문제를 일으킨 사례는 드물고 문제가 생기면 필러를 녹이면 되므로 걱정을 할 필요는 없습니다.

정신건강의학과 전문의
이의석

내일 출근하기 싫습니다, 모레도 그럴 것 같아요

"자도 자도 피곤해요."

일과 삶의 균형을 의미하는 '워라밸'은 취준생들에게는 회사를 고르는 기준이 되기도 하며, 직장인들에게는 본인의 회사를 소개할 때 장점 혹은 단점으로 꼭 언급하는 요소다. 최근 많은 기업들이 다양한 복지 환경을 조성하고 조치를 취하고 있지만, 현실은 그렇지 않을 때가 많다.

매일 칼퇴를 꿈꾸지만 시도 때도 없이 쌓이는 업무로 어쩔 수 없이 추가 근무를 해야 하는 상황이 생긴다. 아침 일찍 출근해 하루 종일 업무와 대인관계에 시달리고 나면 퇴근해서 지인들과 폭풍 수다를 떨든 집에서 시원하게 맥주 한잔을 하든 스트레스를 풀 시간이 있어야 하는데, 야근을 하게 되니 그럴 힘도 여유도 없다. 이렇게 일과 삶의 균형이 깨지면 스트레스와 피로가 누적되고, 나중에는 이것이 만성적인 피로로 발전하게 된다. 잘못된 자세로 걸을 때 발 한쪽에 굳은살이 박이듯이, 내가 언제부터 피곤해졌는지도 잘 생각나지 않는 상태를 '만성 피로 증후군'이라고 부른다.

"집에 들어오면 아무것도 하기 싫어요."

이와 비슷하게 워라밸이 깨졌을 때 많이 겪는 또 다른 증상에는 '번아웃 증후군'이 있다. 어떤 일을 하기 위해 내 안의 모든 에너지를 쏟아 붓고 나면, 감정적으로 메마르고 고갈된 상태에 이를 수 있다. 회사에서 열과 성을 다해 일을 하고 감정을 소비하고 난 다음, 집에 와서는 모든 게 귀찮아 청소도 미루고 별것 아닌 일로 짜증이 났던 경험이 있는가? 집에서 새는 바가지가 밖에서도 샌다는 말이 있긴 하지만, 현대인들의 상황은 역설적으로 밖에서 혹사당하며 겨우 버티던 바가지가 집에서는 깨져버리는 꼴이다. 일에 너무 많은 에너지를 소진시켜서, 정작 나를 돌아볼 여유조차 남아 있지 않으며, 결국에는 제일 아끼고 사랑하는 가족들에게 모진 말을 내뱉게 된다. 만약 여기에 해당된다면 이번 챕터를 자세히 살펴보자. 이러한 증후군의 원인과 해결법을 이해하면 나 자신을 진정으로 사랑하게 되고 더욱 활력 있는 일상을 보내게 될 것이다.

피곤하면 다 만성 피로 증후군?

증후군은 보통 명확한 진단명은 아니고 다양한 증상들의 복합체를 일컫는 말이다. 일반적으로 피로한 느낌이 1개월 이상 지속되면 지속성 피로라고 하며, 6개월 이상 지속되면 만성 피로라고 한다. 그럼 6개월 이상 자주 피곤함을 느꼈다면 누구나 만성 피로 증후군일까? 미국의 질병통제센터에서는 만성 피로 증후군의 정의를 이렇게 정리했다. 특별한 다른 원인이 없이 피로감이 6개월 이상 반복 혹은 지속되고, 갑상선 기능 저하증과 같은 다른 신체적 원인이 발견되지 않으며, 쉬어도 증상이 좋아지지 않고 일상생활이 힘들거나 업무 능력이 현저하게 떨어진 상태다. 그런데 '피로'는 주관적인 것이기 때문에 집중력 장애, 인후통, 겨드랑이 압통, 근육통, 다발성 관절통, 두통 혹은 잠을 푹 자도 상쾌한 느낌이 없는 상태 등 신체 증상을 단서로 하여 피로감이 있는지 판단한다. 이중에서 네 가지 이상의 증상이 6개월 이상 지속된 경우를 만성 피로 증후군이라고 한다. 글로 써놓으니 복잡해 보이지만 쉽게 말해 계속 피곤하면서 온몸이 아픈 느낌이 있는 것이다. 안타깝게도 많은 직장인들이 이미 이 증후군을 실제로 앓고 있다. 간혹 광고의 영향을 받아서인지 간이 좋지 않아 피곤한 거라고 생각하는 사람들도 있는데, 피로가 간 때문인 경우는 흔하지 않다. 만성 피로 증후군은 스트레스가 점차 누적되어 굳은살처럼 굳어져 만성이 된 상태다.

에너지가 다 소진된 상태, 번아웃 증후군

번아웃 증후군 또한 정확한 진단명이라기보단 자아 고갈 상태의 여러 증상들을 의미한다. 웨이트 트레이닝을 할 때에도 매일 한 근육만 키우면 근육이 빨리 자라지 못하기 때문에 부위를 나누어서 운동을 해 심한 피로에 빠지지 않게끔 한다. 우리 마음도 에너지가 소비될 때 쉬어주면서 다시 충전을 해야 하는데, 그러지 못하면 결국 방전되어 충동을 억제하고 감정을 조절하기 어려워 공격적인 모습을 보이게 된다. 내 마음에 여유가 있어야 누군가 말을 걸어와도 귀찮지 않고 긍정적인 감정을 담아 따뜻하게 표현할 수 있다. 번아웃이 되면 우리는 점점 수동적으로 평소 하던 대로만 행동하고, 자동적인 반응만 하게 된다. 만사가 다 귀찮고, 자발성도 떨어지고, 말도 하기 싫어지며 심할 땐 작은 미소조차 짓기 힘들어지는데, 보통 사람을 많이 상대하는 직업에서 이런 증상들이 자주 발생한다. 마치 가면을 쓴 듯 지금 나의 감정은 억누르고 계속해서 밝은 미소와 목소리로 고객을 응대해야 하는 곳에서는 육체노동과는 또 다른 엄청난 정신적인 에너지가 소모된다.

그런데 많은 이들이 내가 감정적으로 지친 상태라는 것조차 잘 모른다. 평소에는 그냥 지나칠 수 있는 일에 요즘 들어 더 흥분하거나 짜증이 날 때 번아웃을 의심해볼 만하다. 아무것도 하기 싫고 땅속으로 꺼지는 느낌이 들고 그저 이불 속에 파묻히고 싶다거나, 단순한 일에도 쉽사리 결정 내리기 어렵고 작은 일도 자꾸 미루는 증상도 나타날 수 있다. 이런 날들이 지속되면 스스로가 작고 한심해 보이기도 한다. 예를 들어 가족 중에 누군가가 비난을 하면 앞에서는 크게 화를 내지만, 돌아서서는 화를 낸 자기 자신을 비하하게 된다. 자칫 하다간 번아웃 증후군에 시달리다가 우울증에 빠질 수도 있다.

여기서 중요한 점은 스스로를 바보처럼 여기지 말아야 한다는 것이다. 만약 당신이 정말 가족들에게 소홀하고, 가족을 무시하는 사람이었다면, 죄책감조차 느끼지 못하고 합리화하기 바빴을 것이다. 당신이 그런 상황에 처한 것은 이기적인 사람이라서가 아니라, 일에 너무 많은 에너지를 소진시켜버렸기 때문이다. 사실 누구나 회사에서의 모습과 집에서의 모습은 다를 수 있다. 아니, 달라야 한다. 어느 상황에서나 누구 앞에서나 항상 초지일관한 모습으로 밝은 웃음만 띄우는 건 내 감정에 솔직하지 못한 것이며 오히려 스스로를 더 지치게 만든다.

혼자 있을 때에 자기 자신을 가만히 내버려두는 시간을 가지는 것도 필요하다. 몇 년 전부터 현대인의 뇌를 쉬게 하자는 의도로 '멍 때리기 대회'가 진행되고 있다. 대회의 취지가 참 괜찮아 보인다. 주변 사람들을 과도하게 의식하며 자기 모습을 긍정적으로 만들려고 통제하다 보면 쉽게 지쳐 번아웃에 빠질 수 있다. 가끔은 바쁘게 살아가는 우리들에게 아무 생각 없이 평온한 마음으로 스스로를 돌아보는 시간이 필요하지 않을까?

만성 피로와 번아웃, 잘 쉬는 게 중요하다

늘 피곤한 만성 피로 증후군, 에너지가 고갈된 번아웃 증후군 모두 해결법은 단순하다. 바로 '잘 쉬는 것'이다. 번아웃이라는 말 자체가 소진되었다는 말이니 다시 에너지를 충전시켜주면 된다. 본인을 더욱더 쥐어짜고 채찍질하는 생각은 잠시 내려놓자. 먼저, 맛있고 건강한 음식을 먹고 충분히 쉬어주어야 한다. 가장 효과적이고 쉬운 방법은 낮잠을 청해보는 것이다. 30분 이상의 낮잠은 밤 시간의 정상적인 수면에 방해가 될 수 있으므로 10분 정도 짧게 낮잠을 청해 피로로 생긴 아데노신 농도를 낮춰 우리 몸의 컨디션을 쾌적하게 해줄 수 있다. 점심을 먹고 다른 사람들과 습관적으로 무의미한 대화를 하거나 인터넷 서핑을 하는 습관만 바꿔도 큰 도움이 된다.

또한 최대한 아침을 챙겨 먹으려 노력해보자. 가벼운 음식이라도 단백질이 풍부한 음식을 골라 먹어 에너지를 충전하는 것이다. 낮 동안에는 수시로 물을 마시는 것도 무척 중요하다. 실제로 수분 섭취량이 적어지면 에너지도 줄어들 수 있기 때문이다. 힘들다고 과음을 하면 악순환이 반복될 수 있으니 주의해야 한다. 몸과 마음이 원하는 대로 최선의 휴식 공간을 만들어보는 것도 좋다. 푹신한 침구류로 교체하고 세탁해 주기만 해도 수면의 질이 월등히 올라갈 수 있다.

잘 먹고 쉬었으니 이제 몸을 풀어보자. 웨이트 트레이닝을 하지 못하더라도 점심시간 짬을 내서 산책을 하거나, 출퇴근 시간에 한두 정거장 미리 내려 빠르게 걷는 것만 해도 매우 도움이 된다. 퇴근 후에 기분 전환을 할 만한 나만의 취미 활동을 만들어보는 것도 좋다. 퇴근길에 평소 내가 좋아하는 노을을 바라보며 감상에 젖어보기도 하고, 강가에 앉아 이런 저런 생각을 정리하기도 하고, 백화점에 들러 아이 쇼핑을 할 수도 있다. 잠시 숨을 돌리며 쌓인 감정을 쏟아버린 다음 집으로 돌아와서 따뜻한 물로 샤워하고 나면 기분이 한결 나아지고 조금은 부드러워진 나를 발견할 것이다.

다음은 내 인생의 목표를 작은 것부터 구체적으로 세워보는 것이다. 회사 일만이 우리 인생의 전부가 아니다. 새해 첫날, 우리는 '다시 처음'이라는 생각에 새로운 목표를 세우며 설레고 들뜨게 된다. 이처럼 인생의 목표와 작은 계획을 세우고 실천을 해보면 현실을 좀 더 긍정적으로 바라보게 된다. 예를 들면 미뤄왔던 영어 공부를 다시 하거나, 주식 공부를 하고 적금을 드는 등 재테크에 관심을 가져볼 수도 있고, 내가 평소에 해보고 싶었던 새로운 취미를 시작해보는 것도 좋다. 만약 너무 지쳤다면 지금 하는 일과 자신의 능력이 조화롭게 균형을 이루고 있는지도 검토해보고 수정하는 것도 고려해봐야 한다.

마지막으로 SNS를 멀리하길 바란다. SNS는 인생의 낭비라고 하는 사람도 있지만 최근에는 SNS를 통해 여행지, 맛집, 패션과 관련된 다양한 정보도 얻을 수 있어 떼려야 뗄 수 없는 공간이 됐다. 사실 이 정도의 목적으로만 사용할 수 있다면 좋겠지만, 말 그대로 소셜 네트워크 서비스인 만큼 자연스레 다른 사람들의 사진에 댓글을 달거나 메시지를 보내는 등 소통하고 의견을 교류하게 된다. 보통 SNS에는 즐겁고 행복해 보이는 게시물들을 올리기 때문에, 내 마음이 많이 약해져 있는 상태라면 SNS를 할수록 자꾸 남들과 비교하면서 자존감이 떨어질 수 있다. 꼭 하고 싶은 말이 있거나 저장하고 싶은 사진이 있다면, 일기장에 써서 남겨보자. 남들의 시선에 개의치 않고 솔직한 마음을 표현하다 보면 스스로를 들여다보는 좋은 시간이 될 것이다.

무너질 만큼 힘든데도 끝까지 참아가면서 억지로 회사를 다니는 사람들이 많다. 하지만 무작정 참는 게 능사는 아니다. 스스로 쉴 수 있는 공간을 만들고 나서도 도저히 안 되겠다 싶으면 휴직이나 이직이 필요할 수도 있다. 내가 할 수 있는 최선을 다했다면 그걸로 됐다. 잠시 거울을 보며 나에게 이렇게 말해보자.

"오늘도 수고했어."

우리, 아프지는 말고 출근합시다

5명의 전문의가 전하는 직장인 맞춤 처방전

초판 1쇄 발행 2022년 3월 14일

지은이 청든남(김태한, 이시영, 이웅현, 이의석, 이의창)
펴낸이 성의현
펴낸곳 (주)미래의창

편집주간 김성옥
책임편집 김윤하 · 최소혜
디자인 윤일란
본문 일러스트 나교
홍보 및 마케팅 연상희 · 김지훈 · 이희영 · 이보경

출판 신고 2019년 10월 28일 제2019-000291호
주소 서울시 마포구 잔다리로 62-1 미래의창빌딩(서교동 376-15, 5층)
전화 070-8693-1719 **팩스** 0507-1301-1585
홈페이지 www.miraebook.co.kr
ISBN 979-11-91464-79-5 03190